エコノミストの

経済・投資の先を読む技法

The Economist's Edge
Predicting Economic Trends and Investment Opportunities

第一生命経済研究所
首席エコノミスト
熊野英生
Hideo Kumano

はじめに

アイザック・ニュートン（1642〜1727）は、錬金術師でもありました。錬金術とは、鉛や鉄を金に変えようとするような、実現不可能なことを説く怪しげなエセ科学とされます。実際、そんなことは不可能なのに、多くの科学者が「できる」と信じて研究に没頭していました。好奇心旺盛だったニュートンも、造幣局高官を務めていた頃に錬金術の沼にのめり込んだという有名な逸話が残っています。その証拠に、毛髪から水銀を扱っていた痕跡が検出されています。

現代にたとえるならば、日銀の政策委員に就任した人物が、暗号資産に投資して無限に儲かる運用プログラムの開発に熱中しているようなものかもしれません。

筆者も、永久機関と呼ばれる装置に巨額資金を投じようとした投資家を知っています。

実をいうと、本書のテーマ「経済やマーケットの未来を見通す」も、どことなく錬金術に似ています。未来には不可知性があり、投資とはその未知に挑戦して利益を得ようとする行動です。エコノミストの仕事が成り立つのは、未来に挑む投資家がいるからであり、投資家のために情報を提供するのがエコノミストの役割の一つだといえます。

実のところ、編集者の方から「エコノミストの未来を見通す技術を書いてほしい」とテーマをいただいたときは、正直「そんなのわかりません……」と当惑しました。しかし、あれこれ考えていくうちに、徐々にヒントが見えてきたのです。

ここで読者の皆さんにお伝えしたいのは、多くのサラリーマンにも同じような境遇に陥る場面があるということです。最初は無理と思える難題でも、じっくり時間をかけて考え続けると、少しずつ解き方が見えてくるのです。たとえ「無理かもしれない」と思うことでも、粘り強く挑戦する姿勢が活路を開くという教訓です。かつて筆者が勤めていた職場でも、優秀な同僚が「上司から急に無茶な指示がきても、数日ほど寝かせると答えが浮かんでくるんだ」と教えてくれました。たとえば、悪くなった視力を矯正するために、遠くの小さな文字を凝視するという方法があります。最初はぼやけていても、根気よく見つめ続けるうちに、文字が少しずつ鮮明に見えることがあります。視力矯正も難題解法も、粘り強さが成功のポイントです。学校の受験勉強などではすばやい解法が重視されますが、実際の仕事では粘り強く考え抜く能力のほうがはるかに重要だと感じます。

経済の先行きをピタリと当てるのは、錬金術のように不可能かもしれません。しかし、「どうすれば経済やマーケットの行方をイメージできるか」を具体的に考え続けると、意外に使えそうな方法が浮かんでくるものです。本書は、そのための「実用的な考え方」をお伝えすることを目的にしています。

筆者が紹介するメソッドは、いわゆる厳密な予測とは少し異なるかもしれません。経済学の分野では近年、「ヒューリスティック」という言葉が流行しています。これは「発見的手法」を意味し、アルキメデスが浴槽で浮力の法則を発見したとき、「ユーレカ！（見つけた）」と叫んだ逸話に由来します。厳密な解を導けなくても、近似的な手段を使いながら、だいたい外していない結論にたどり着こうという発想です。見当をつけることで、思考が前進するはずです。

先行きがまったく見えない未来であっても、「ヒューリスティック」な方法によって足元の状況をとらえながら、おおまかな方向性を確認することはできます。真っ暗闇の未来に豆電球を灯して、せめて足場くらいは照らす技術、といっても良いでしょう。

本書は、書名の通り、経済を先読みする手法を紹介しています。とはいえ、多くの手法は、主に経験則です。経験則には、ごく短期の経験もあれば長期の経験もあります。たとえば、ライフプラン（長期の人生設計）もまた、長期的な経験則の活用といえます。まったく何もわからない未来よりは、何かしらの仮説や法則をもって考えたほうが、少しでも先行きが見通しやすくなるのです。筆者は学者ではなく実務家なので、そこにはプラグマティック（実利的）な思考を重視する姿勢があります。

悲観バイアスに惑わされないために

未来のことなど何もわからない、と感じてしまうことは珍しくありません。しかし「何もわからない」という感覚が強いのは、実は思考というよりも感情が引き起こす心理バイアスの可能性があります。人は、自分の知識が乏しい分野だと、「できないかもしれない」「わからないかもしれない」と悲観的に考えがちです。逆に、その分野の知識が増えてくると自信も湧いて、前向きに問題解決に挑めます。

ここでいう知識とは、いわゆる「情報量」だけではなく、それまで培ってきた経験則も含みます。たとえば、大きな事件に遭遇すると、それまで当たり前だと思っていた経験則が役に立たない気がして、「もう何も見えない」と悲嘆に暮れてしまうことがあります。しかし冷静になってみると、「自分はただ強いショックにとらわれて、判断力を失っていただけかもしれない」と気づく瞬間があるはずです。

歴史上の大天才、ニュートンもまた、南海泡沫会社のバブルに踊らされ、巨額の投資失敗を経験し、自分の前で南海泡沫会社の名を口にするのを禁じたと伝えられています。あのニュートンですら心理バイアスにとらわれていたことを示します。だからこそ私たちは、経験則を学んで、人々が「もうダメだ」と悲観に支配される状況を客観的に見極める力を身につける必要があります。

たとえば投資の世界では、みんなが「絶対にダメだ」と思ったときこそ相場の底値であり、後から見れば絶好の買い場だったというケースが多々あります。経験を重ね、さらに理解を深めることで、このような集団心理の〝落とし穴〟に引っかからなくなる賢明さが得られるのです。

投資家、つまり人間の判断能力とは、基本的に弱く、臆病なものです。だからこそ「判断を正しく行いたい」と願うなら、「人間は時として判断を誤る」という前提を忘れてはいけません。心理バイアスが生み出す「売られすぎ」や「買われすぎ」の相場に流されないためにも、今、自分が感情的になっているかどうかを見つめる〝もう一人の自分〟をもつことが大切です。

このように、判断している自分をもう一人の自分が空中から眺めていることを「メタ」と呼びます。このように、客観的に評価する能力は、「複眼思考」と呼んでも良いでしょう。筆者はこれを、次の式にまとめてみたいと思います。

正しい判断＝「見えない未来を見通そうとする粘り強い意思」＋「経験則を使った技術」－「心理バイアス」

多くの人は、この「心理バイアス」というマイナス要因の存在を見落としがちです。筆者は金融業界で多くの優秀とされる人々に出会ってきましたが、ときに「この人の言葉は、感情を理屈で武装してもっともらしく言っているだけでは？」と思うことがあります。理性は感情の奴隷、と述べたのは哲学者デイヴィッド・

ヒュームですが、まさに感情的な判断がウイルスのように理性をむしばんでいる状態です。

真に賢い人というのは、学歴とは関係なく、「自分の判断は間違っているかもしれない」と常に疑いながら思考を巡らせる人ではないでしょうか。投資で成功する人、少なくとも大失敗を回避できる人は、自分の弱い心とどう戦うかを知っているものです。剣道などの武道でいわれる「克己心」に近い考え方です。未来を見通すには、テクニックだけでなく、自分を律する心も不可欠だと考えます。

予測とその意義

未来を見通そうとするとき、やみくもに考えるのではなく、分野を絞ると考えやすくなります。たとえば「明日の天気」「自分の健康状態」「仕事の段取り」など、日常の小さな未来予想は、誰もが自然と行っています。本書では、この〝予測〟

の対象を金融マーケットに絞って考えます。エコノミストは、金利や為替、株価、日本経済や海外経済の成長率などを専門的に予測するのが仕事です。

そして、シンクタンクなどの仕事の一端として多いのが、次の４つの予測です。

①長短金利、為替レート、株価
②日本経済の成長率、物価上昇率、賃金上昇率
③海外経済の成長率
④長期予測（人口、財政、年金、経済成長率など）

これらを分析するときは、過去の先行研究や推計手法を調べ、今の環境変化と照らし合わせていきます。数式やモデルを使うこともありますが、実務においては必ずしも理系の人ばかりが活躍しているわけではなく、文系出身でも経験を通じてスキルを身につけている人が大勢います。大学院で得た専門知識だけが力になるのではなく、むしろ実務経験で培われる判断力も大きいのです。

だから個人投資家でも、独学で相場を見続けるうちに十分な実践力を身につけることができます。本書で取り上げるのは、技術論そのものよりも、その背後にある「ゼネラルな考え方」です。好奇心を持って読んでいただければ、専門家でなくても活用できる方法ばかりです。

為替レート予測を例に

金融知識の中で、初心者にとって難しいと言われるのは為替レートです。たとえば、為替レートについてよく聞く疑問として「1ドル130円から135円に変化したら円高か円安か？」というものがあります。数字が大きくなると「高くなる＝円高」と錯覚しやすいのですが、正解は円安です。1ドルを〝金1グラム〟だと考えてみると、1グラムが130円から135円に値上がりしたら、金の価値が上がり、逆に円の価値が下がっていることになります。

金融の現場の人たちは、こうした理屈をいちいち確認するまでもなく、習慣として瞬時に「円安だ」と判断します。脳内でショートカットしているのです。既知の情報を整理しておくと、脳のスペースで新しい問題の解決に思考力を使えるようになります。

為替レートや株価、金利などが動いたとき、金融関係者は「何が材料で相場が動いたか」をすばやく直感できるのも、長時間相場に接しているからです。個人投資家は、同じだけの時間を割くのが難しい場合もありますが、長期的に付き合ううちに感覚は磨かれていきます。

その次の段階が「これから先、相場がどう動くか」の予測です。予想する未来を、1週間後、1か月後、3か月後などと長くしていくと難易度が上がります。株式投資などで多用されるチャート分析も有効ですが、恣意的に線を引きやすかったり、過去のパターンが崩れると説得力が落ちる弱点もあります。

一方、エコノミストは、為替レートそのものよりも金利や景気の動向を先読みします。たとえば米国の長期金利が上がればドル高（＝円安）になり、日本の長期金利が上がれば円高になるというように、間接的要因を重視するのです。これは、為替や株価の短期的な変動はランダムウォーク（確率的に無作為に動く）と考えられるからです。エコノミストはランダムに動く対象そのものを読むのではなく、その背後にある金利や景気を観察して、為替レートを推測します。

この手法は株価でも同じです。中期的には、企業収益が増えると配当が増え、買いたい投資家が増えるため株価が上がる。だから株価を読むには企業収益（＝景気）をみます。つまり「将を射んと欲すればまず馬を射よ」というわけです。

人生の予測と「冬に備える」発想

私たちが予測をする意味は、「予測して、それに合わせて行動を変える」ことにあります。これはイソップ童話の「アリとキリギリス」にも通じます。夏が過ぎればいずれ冬がやって来る。冬になる前の秋にきちんと食料を蓄えておけば、冬に苦労せずに済むのです。

これは人生のライフプランにも当てはまります。やがて訪れる老後を冬と見立てるならば、給料が上がり貯蓄しやすい50代は「収穫の秋」に相当します。そこで得られる退職金や給料の一部をしっかり蓄えておけば、老後の生活に備えられます。しかし、本当に安心したいなら、40代くらいから余裕資金を用意し、金融知識も身につけておいたほうが良いのです。

もし株式や外貨運用などを視野に入れるなら、金融知識は簡単に身につくものではないので、早いうちから学習を始めると良いでしょう。たとえば外貨運用は、どの通貨を買うか以上に、「いつ買うか」というタイミングが重要になります。大きな投資をする前に少額から始め、円高が極端に進んだときなど、「ここだ」というタイミングを見極められるように準備しておく。加えて、タイミングが読みにくいときは、何度かに分散して外貨を買う「時間分散」の手法も有効です。

たとえば2024年6月に1ドル160円台にまで円安が進んだときは、多くの人が「1ドル100円のときに買っていれば大儲けだったのに……」と悔しがります。確かに、円高局面で安いドルを買えば、運用成績は相対的によくなります。しかし、先見的に長い人生のどこで極端な円高が起きるかはわかりません。そのチャンスを活かすためには、やはり若い頃からの事前の準備が欠かせないのです。

インフレ課税への対策

人生設計や資産運用を考えるとき、避けて通れない問題の一つにインフレがあります。物価が上がると、せっかく蓄えたお金の価値が実質的に下がってしまうからです。たとえば歯の治療費が1000円から2000円に倍増すれば、1回あたりの費用は2倍、つまり購買力が半減します。預貯金がそのままの金額でも、実質的には使える量が減ってしまうのです。

この「インフレ課税」という考え方では、物価上昇率を上回る利子や配当を得られない場合、実質的に資産価値が目減りしていると考えます。日本政府の巨額債務もあって、日銀は欧米並みの金利水準には思い切って利上げできません。その結果、インフレが進んでも預金金利はほとんど上がらず、資産が実質的に目減りしてしまうわけです。内外金利差が埋まらず、円安傾向になります。

これに対抗する手段の一つが、米国債や米国株などへの外貨投資や、国内株式投資だと筆者は考えます。もちろん為替レートや株価の価格変動リスクはあるものの、長期的に取り組めばそれを平準化できる可能性があります。人生という長い時間の中で、インフレ課税を意識して対策を考える必要があるでしょう。

経験主義という立場

最後に、筆者の思想的立場を少しだけお話ししたいと思います。学校の教科書で習う「啓蒙思想」は、「理性は正しく、普遍的・不変的」という考え方ですが、筆者は「人間の理性はときどき間違う」ということを強く意識しています。だから、あまりにも「理性こそ絶対」という説教じみた主張には抵抗感を覚えます。人間は経験から学びます。そして学んだことを知性として積み上げていく過程で「理性だって誤るかもしれない」という姿勢を忘れないことが大切です。つまり、人間の知性には限界があるからこそ、何度も試行錯誤し、時に失敗しながら、少しずつ勘所を養っていく……これが筆者のいう「経験主義」です。

本書のタイトルは、一見すると学問的な合理性を強調しているようにも思えるかもしれません。しかし、筆者の本心としては「厳密な正解を押し付ける」のではなく、「相対的な、人生で使える知識」を提供し、読者の方が勉強する際の材料にしていただきたいと思っています。多少蛇足ではありますが、最初にこのスタンスを示しておくことで、本書で紹介する技術や発想を「絶対の正解」ではなく、「あなた自身の経験を補強するヒント」として役立てていただければ幸いです。

熊野英生

第1章　「先が読める」とはどういうことか？

第2章 未来予測に役立つツール

第3章 資産形成に役立つスキル

第1章

「先が読める」とはどういうことか？

1 第一歩は現状を正しく評価すること

まず理解していただきたいのは、未来を正確に予測することなど、誰にもできないということです。それでも、私が「未来を先読みする」意義を説く理由には、その試みに特別な意味があると考えているからです。不確かな未来について深く考えるというプロセスは、後々になって、非常に役立つと確信しています。

たとえば、次の日本の首相は誰になりそうか、予想をしてみましょう。いざ、予想を立てようと決心すると、自然と政治への関心が高まります。首相候補と目される有力政治家の発言や、現首相の政策に、これまで以上に注意が向くようになるでしょう。ニュースをきっかけに、より深く知りたいという探求心が芽生え、周辺情報を調べるようにもなります。

そうこうするうちに、政治の情勢や政策に対する知識が徐々に深まっていきます。情報収集を始めることで、さまざまな出来事に対する感度が研ぎ澄まされていくのです。ここで重要なのは、自身の好奇心の変化に気づくことです。

未知の情報の収集に対して、尻込みしてはいけません。別に、自分が政治の専門家である必要はまったくないのです。誰でも、調べれば調べるほど、その分野に詳しくなり、土地勘も養われていきます。当初は門外漢だったとしても、いつしか政治・外交・社会保障など、幅広い分野に精通するようになるでしょう。そうなれば、さまざまな専門知識を身につけることができたと実感できるはずです。

たとえば、これまで政治の話などまったく関心がなく、友人から「次の首相は誰になりそう?」と聞かれても、考えたこともなかったような人がいるとします。その人が、たとえ1年間でも未来の首相を予測するトレーニングを積むことをすれば、それなりの回答を提示できるようになります。これはすなわち、知識が高まり、未来予測に挑戦する下準備ができた、ということに他なりません。

未来予測のトレーニング

未来を予測するスキルは、数年間という長いスパンでトレーニングを続けることで、当初に比べて飛躍的に向上します。もちろん、予測をすれば必ず外れることも出てきます。しかし、外れるたびに、その予測を反省します。そのときは、自分がどこで失敗したのかを学ぶことが重要です。経験値を高めるとは、単に失敗を繰り返すことではありません。失敗から学び、失敗を減らすための努力を惜しまないこと、それが真の「経験」と言えるでしょう。

エコノミストの予測能力も、そうした地道な努力の積み重ねによって向上していきます。もしかすると、「未来予測は、エコノミストの特殊能力では?」と考える人も多いかもしれません。しかし、実際には、日本のエコノミストの多くは、特別な能力を持たない、ごく普通のサラリーマンです。大学の学部卒で、経済学部で勉強した経験のない人もたくさんいます。経済学の博士号を持っている人など、ほとんどいません。彼らが仕事として身につけた経済予測のスキルは、長年にわたってその業務に従事する中で、経験によって自然と培われてきたものです。ですから、皆さんも臆することなく、未来予測に挑戦してみてください。

ここでは、未来予測のための簡単なテクニックをご紹介しましょう。未来予測は、シナリオを立てることから始まります。シナリオ作成は、次の3つのステップで行います。

①仮説を立てる：まず、いくつかの仮説を立てます。

②材料を集める：次に、仮説を補強する材料を、ブレーンストーミングで徹底的に洗い出します。

③ストーリーを構築する：最後に、それらをまとめて、一つのストーリーラインを構築します。

未来予測とは、このようなシンプルな作業の繰り返しなのです。

まず最初のステップである①**「仮説を立てる」**では、たとえば「来年の景気は良くなる」という予測を立てます。これは、自分の直感から導かれた仮説です。もちろん、逆の「景気は悪くなる」でも構いません。

おそらく、その直感の裏には、潜在意識の中に隠された、何らかの要素が潜んでいるのでしょう。無意識のうちに、その要素が、直感として表れているのです。

次のステップの②**「材料を集める（ブレーンストーミング）」**では、仮説の周辺にある材料の中から、仮説の根拠となりそうな情報をリストアップしていきます。

例として「景気が良くなりそう」という直感の根拠を、5つほど挙げてみます。

「来年は五輪がある」
「株価が上がっている」
「賃上げがさらに進みそう」
「企業業績改善の流れが強まりそう」

「訪日外国人がさらに増加する」

おそらく、この材料の列挙が1つ、2つしかできないときは仮説が間違っている可能性があります。仮説のところを見直したほうが良いかもしれません。本来は、材料は10〜15個、もっと多くの根拠を挙げられると良いでしょう。書き出した後は、それらの情報の関連性を探ります。たとえば、「企業業績の改善」と「株価上昇」には、明らかに相関関係があります。「賃上げが進む」ことは、「企業業績の改善」が背景にあると考えられます。「賃上げが進む」ことで消費が拡大し、特に消費関連産業や訪日外国人消費の増加と相まって、「企業業績の改善」をさらに後押しするでしょう。このように、さまざまな情報をつなぎ合わせることで、個々の事象が連鎖反応を起こし、「景気が良くなりそう」という未来予測が論理性を高めていくのです。こうして、ストーリーラインらしきものが見え、「未来予測」がまとまっていきます。

もしも、まとめたシナリオを読み返してみて、「まだ説得力が弱いな」と感じたら、

②のブレーンストーミングの段階に戻り、さらに情報を補強します。逆に、説得力がどうしても感じられなければ、①の仮説を見直す必要があるかもしれません。

このようなプロセスを繰り返すことで、話の説得力はどんどん増していき、より精度の高いシナリオ、すなわち、良い未来予測を立てることができるのです。頭の中で汗をかくように考えるほど、より質の高い、そして、独自性のある予測を生み出すことができます。

投資は未来志向の営み

ここで、なぜ私がエコノミストの予測の話を本書の冒頭で取り上げたのか、その理由を明かしましょう。それは、この未来予測のプロセスが、そのまま株式投資などの資産運用全般に応用できるからです。なぜなら、資産運用とは、突き詰めればすべて未来志向の営みだからです。

たとえば、「この銘柄は値上がりしそうだ」という仮説を立てたとしましょう。ここでも、半ば当てずっぽうでも構いません。そこから現状分析を始めることで、最初の銘柄に対する知識が深まり、結果として、もっと他に良い投資対象があると判断できるようになることも多いです。

さらに、現状分析から得られた知見を、最初の仮説、すなわち銘柄選択にフィードバックさせることで、「この銘柄選択は本当に正しかったのか？」と自問自答することができます。もしも、それでもなお自身の判断が確固たる根拠に基づいた正しいものであると確信できるなら、そこで投資に踏み切れば良いのです。

未来を予測する作業、投資の対象選択、そして資産運用のタイミング。これらは、すべて根底でつながっていると私は考えています。だからこそ、エコノミストの技術には、投資に役立つヒントが数多く含まれているのです。

2 傍観者になるな、ポジションを取れ

未来予測のスキルを効率よく身につけるためのノウハウ、それは「ポジションを取る」ことです。金融の世界で「ポジションを取る」とは、「持ち高を持つ」という意味です。運用資産の持ち高を保有することで、相場の値動きに対し、自身がリスクとチャンスを同時に得ることになります。持ち高がゼロなら、リスクもチャンスもありません。つまり、ポジションを取るということは、自分の身をリスクの渦中に投じ、勝負に出ることを意味します。

では、未来予測においてポジションを取るとは、具体的にどういうことでしょうか。それは、すぐに株式を買えという意味ではありません。「私の予想はこう

です！」と、自身のシナリオを世間に公開し、その是非を問うことです。予測が外れれば、恥ずかしい思いをするでしょう。しかし、的中すれば、専門家として称賛され、自尊心も満たされます。

シナリオを公開する方法は、人それぞれで構いません。私のおすすめは、ブログを開設し、そこで自身の予測を公開することです。もちろん無料ブログで十分です。毎日予測を公開するとなると「書くことがない」と悩む人もいるでしょう。しかし、できるだけ頻繁に自身の分析や見解を公開するほうが、結果的には自身の成長につながります。

他にも、たとえば数人で勉強会を立ち上げ、仲間内で「私の予想はこうです！」とシナリオを発表し合うのも良いでしょう。時間が経てば、予測についての中間報告や検討材料の分析結果などを共有し、議論を深めることもできます。

もっと手軽な方法としては、親しい友人一人に、「私の予想はこうだ」と伝えるだけでも十分です。たとえ相手が一人でも、自身の言葉に責任を持つという意識が芽生えれば、予測を公開する意義は十分にあります。

ところで、なぜ、自身の予測を公開することが重要なのでしょうか。それは、自分自身に強い緊張感を持たせるためです。この種の緊張感は、学習効果を飛躍的に高めることになります。

公開が生む好循環、そして真剣勝負の場へ

たとえば、お金を賭けて競争することを想像してみてください。負ければお金を失うというプレッシャーがあれば、誰しもが真剣に勝ちにいこうとするはずです。自尊心の高い人であれば、予測を公開し、それが外れることを極度に恐れ、大胆な予想ができなくなるかもしれません。しかし、それでは本末転倒です。失敗を恐れず、ポジションを取り、勝つか負けるか分からない真剣勝負に挑むこと。痛みを伴う挑戦こそが学習意欲を高め、経験から得られる学びをより大きく価値あるものにしてくれます。

この原理は、株式投資にも応用できます。たとえば、自身の売買記録をブログで公開するのです。他人の運用ブログを熟読し、その投資家の運用を疑似体験することで、自身の投資スキルを磨く投資家もいます。自身の運用履歴を公開している投資家は、他人の目に晒されているという緊張感から、真剣に投資と向き合い、人一倍の努力をしているはずです。真剣に取り組んでいる人の努力は、必ず成果となって表れます。だからこそ、彼らの発信する情報には、大いに参考にすべき価値があるのです。

勉強の効率を高めるには、自身の学習成果を世の中に公開し、その結果に対する責任を、自分自身に課すことです。自身の成績に対し、ポジションを取る、すなわち、結果を公開すること。それこそが、勉強というインプットに強い規律をもたらし、学習への取り組みを、より真剣なものへと変えてくれるのです。

3 シナリオを立ててみる

それでは、具体的に未来のシナリオを立ててみましょう。日本経済の先行きは、今後どのように変化していくのでしょうか。

私見では、シナリオの仮説は、大きく分けて楽観論と悲観論の2つに集約されます。楽観論は、景気がこれから良くなっていくという見通しであり、企業収益の増加と株価上昇を想定します。対する悲観論は、先行きは暗く、状況はさらに悪化していくという見通しです。この場合、日本経済の成長ポテンシャルは低く、成長スピードも鈍化していくと予測されます。

皆さんが将来予測を行う際、ご自身はどちらに属すると思いますか？　私の経験上、その人の見方は、人生観や性格に大きく左右されます。慎重な人は、リスク要因が気になり、どうしても楽観的になりきれない傾向があるのです。

ところで、そもそも株式市場は、本質的に楽観的な性質を帯びています。なぜなら、多くの人が「株価に上昇してほしい」という願望を持っているからです。そして、予測を行う者は、顧客の潜在的な期待に影響を受けてしまうものです。

とりわけテクノロジー関連の話題は株式市場で好んで取り上げられる傾向にあります。それは、未知の可能性を秘めているからで、将来に対して楽観的なシナリオを描く際の材料になりやすいのです。だからこそ、テクノロジーについて論じる際には、楽観バイアスが過度に働いていないか、注意を払う必要があります。

一方で、評論家には悲観論者が多いです。特に、株式投資などのマーケットに直接関与していない、いわゆる「第三者」の立場にいる人は、さまざまな構造問題に固執し、経済成長に対して悲観的な見方をする傾向があります。

ここで注意すべきは、構造問題の指摘です。しかし、根拠とされる人口減少などの構造問題は、一朝一夕に解決できるものではありません。これらの問題は、常に存在し、簡単にはなくなりません。かつ、誰にでも分かりやすいものです。そのため、悲観論の材料として利用されがちです。実際には、それぞれの要因が持つ時間軸、そのインパクトの大きさを、正しく評価しなければなりません。

シナリオを補強する材料の洗い出し

次に、仮説を補強するための材料、すなわち「肉付け」をする作業に移ります。ここでは、ブレーンストーミングを用いて、日本経済の今後の展開について楽観的な見通しを立てるための材料を考えてみましょう。とりあえず、材料を10個ほど列挙してみます。

これは正直なところ、なかなか大変な作業です。最初は3～5個を思いつくのが精一杯かもしれません。それでも、しぶとく考え続けることで、思考を深く掘り下げていきましょう。

《楽観シナリオの材料》

- 賃上げによって消費が拡大する。
- 訪日外国人の増加によって、消費が拡大する。
- 企業の海外展開が、収益力向上につながる。
- 企業の余剰資金が、設備投資に向けられる。
- 人手不足によって企業が正社員の採用意欲を高める。
- コストの価格転嫁が進む。
- 日銀の低金利政策が景気を下支えし、為替も円安傾向にある。
- 半導体需要が世界的に高まる。
- 半導体工場が日本に進出する。
- 米国経済が好調で、日本からの輸出が増加する。

これらを並べるだけでも、楽観シナリオの骨格がかなりはっきりとしてきたと実感できるのではないでしょうか。

さらに、これらの材料は、それぞれが関連性を持っています。考えを整理する際には、材料をグループ分けすると効果的です。

《材料のグループ分け》

①消費関連

1：賃上げによって消費が拡大する。

2：訪日外国人の増加によって、消費が拡大する。

②企業活動

3：企業の海外展開が、収益力向上につながる。

4：企業の余剰資金が、設備投資に向けられる。

5：人手不足によって企業が正社員の採用意欲を高める。

6：コストの価格転嫁が進む。

③外部環境
7：日銀の低金利政策が景気を下支えし、為替も円安傾向にある。
8：半導体需要が世界的に高まる。
9：半導体工場が日本に進出する。
10：米国経済が好調で、日本からの輸出が増加する。

このように、おおまかに3つのグループに分けることができます。ここまで整理できると、ストーリーラインを構築するのは比較的容易になります。

景気見通しについては、③外部環境→②企業活動→①家計行動（主に消費関連）というように、話に一定の順序があります。この流れに従えば、楽観シナリオを一つの説得力のあるストーリーとしてまとめ上げることができるのです。

たとえば、「今後、米国経済の好調が、日本からの輸出を増加させるでしょう。その結果、企業収益が増加し、国内の設備投資や雇用拡大につながります。さらに、賃上げが個人消費を刺激し、景気はさらに上向くでしょう」というストーリーが考えられます。また、「日銀の低金利政策は、当面の間、維持される見込みです。そのため、為替レートはたとえ変動したとしても、円安傾向が続くでしょう。円安は、訪日外国人にとって日本旅行を割安にします。旅行消費の増加にもつながるでしょう」という説明を加えれば、より詳細な見通しを示すことになります。

ここまでの考察は、（1）仮説を立てる、（2）ブレーンストーミングで材料を集める、（3）ストーリーにまとめる、という3段階のアプローチを、具体的な例を用いて説明したものです。

さて、これで未来予測は完成でしょうか？　いいえ、まだ十分とは言えません。なぜなら、これは単に、楽観的なストーリーを構築しただけに過ぎないからです。そこで、思考をより深めるために、今度は、楽観論とはまったく逆の立場から、同様にブレーンストーミングを行い、悪材料を洗い出してみましょう。

先ほどと同じように、今後の景気を悪化させる要因となり得る、悪材料を再び10個ほど挙げてみます。

《悲観シナリオの材料》

・物価上昇が、家計の購買力を低下させる。
・中小企業では、賃上げが進みにくい。
・経営が悪化したゾンビ企業が倒産する。
・日本企業の低い生産性体質は、変わらない。
・深刻な人手不足が、経済成長の足かせとなる。
・原油価格の高騰が、企業収益を圧迫する。
・中国経済の悪化が、さらに深刻化する。
・米国経済が失速するリスクが高まっている。
・世界的に、保護主義的な政策が広がる。
・財政再建の必要性から、政府は歳出抑制や歳入確保を余儀なくされる。

これらは、あくまでも議論のための材料で、あえて悲観的な見方を提示しています。先ほど挙げた楽観シナリオのグループ分けと同様に、①家計行動、②企業活動、③外部環境の3つに分類でき、悲観シナリオの材料は、楽観シナリオに対する反論として機能します。

たとえば、今後の消費について、「賃上げによって消費が拡大し、訪日外国人の増加も消費を押し上げる」という楽観的な見通しを立てたとします。それに対し、「賃上げは主に大企業に限られ、中小企業では進みにくい。さらに、物価上昇が続けば家計の購買力は低下する」という問題点を指摘することで、先ほどの楽観シナリオに、疑問を投げかけることができるのです。読者は、この反論にどう応答すれば良いでしょうか。反論を3つくらい考えてみましょう。

このように、最初に作成した楽観シナリオに対して、批判的な視点から、想定される反論を検討し、それに対する答えを用意することで、未来予測の説得力を高めていくことが求められます。「ある程度の批判を想定し、自身の見解の妥当性を検証する」というプロセスは、思考を深めるうえで非常に重要なステップとなります。

4 未来に注目すべき出来事

ここでは未来予測のテーマを経済分野に絞り込み、今後、株式市場で注目されそうなポイントについて考察してみましょう。具体的には、半年から2年程度先という、比較的短い時間軸での関心事を想定しています。

米国の楽観、中国の悲観

まず、楽観論の代表的な材料としてよく引き合いに出されるのが、米国経済の現状と見通しです。短期的には、米国経済は金融政策の動向に大きく左右されます。米中央銀行であるＦＲＢ（連邦準備制度理事会）は、２０２２年3月から継続的に金融引き締め政策を実施してきました。一般的に、金融引き締め局面では株価は下落し、金融緩和局面では上昇する傾向にあります。これはきわめてシンプルな原則です。原則は単純ですが、米金融政策の動向を専門的に分析する、いわゆる「ＦＲＢウォッチャー」と呼ばれる専門家が大勢存在します。大勢の専門家がいる理由は、市場関係者がＦＲＢの発信する経済見通しに対してそれだけ高い関心を寄せているからです。

私自身は、米国経済に対して楽観的な見方をしています。２０２４年9月以降は、政策金利を引き下げる金融緩和を行って、景気は腰折れすることなく成長を維持しています。２０２５年1月に就任したトランプ大統領も、景気刺激的な政策に徹するでしょう。

これは、あくまでも私のシナリオです。このシナリオが最も現実的かどうかを検証するために、私は常に米国の経済指標や長期金利の動向を注視していくつもりです。

一方、米国経済の楽観論とは対照的に、中国経済の先行きには暗雲が垂れ込めています。中国経済の悪化が、貿易などを通じて、日本にどのような影響を及ぼすのか、その予測は困難を極めます。長らく指摘されてきた中国の不動産バブル崩壊は、2020年夏の不動産規制の頃から、いよいよ現実のものとなりました。中国の経済成長率は、2024年には5・0%まで鈍化しました。実際、貿易統計を確認すると、日本から中国への輸出数量は減少傾向にあります。さらに、韓国やASEAN諸国では、貿易悪化という形で中国経済減速の影響が波及しています。しかし、これまでのところ日本は欧米向けの輸出が堅調であるため、大きな打撃は免れています。

それでも、今後、中国経済の悪化が長期化すれば、日本経済にも悪影響が及ぶことは避けられないでしょう。まず懸念されるのは、中国に現地法人を持つ電機・機械メーカーの業績悪化です。トランプ関税も心配です。さらに、中国人富裕層が日本の都市部に保有する不動産を売却することで、日本の不動産市場が減速する可能性も否定できません。これは、日本企業がグローバル化しているため、中国発の打撃が日本に悪影響を及ぼす、いわば「影の脅威」と言えるでしょう。

一方で、私は中国関連について別のシナリオにも注目しています。それは、内需の低迷を受けて、今後中国企業が本格的に海外進出を加速させ、中国以外での事業拡大を図るというシナリオです。これは、日本が経験した2000年代初頭の状況と酷似しています（かつて中国に長く駐在していた私の友人も、中国企業の海外展開が、今後、急速に進むと予測しています）。中国企業は、成長を続けるところがあるはずです。


現時点での私の予測では、今後、米国経済の好調と、中国経済の悪化という、2つの異なる潮流が併存すると見ています。そして、日本経済への影響に関しては、米国経済の好調さによるプラスの影響が、中国経済の悪化によるマイナスの影響を上回ると予測しています。日本経済を支える外需は、今後、中国から米国などの欧米へとシフトしていく構造変化が進むと予想されます。これが、私の描く未来図です。

ほかにも、さまざまな分野での注目点を挙げておくと、以下の通りになります。

・ＥＶ化の進展と脱炭素化の行方
・財政リスクによる超円安進行
・人口減少による成長率鈍化
・アジア経済圏の拡大
・インド経済の躍進の影響力
・トランプの先に登場する米国指導者
・中国で習近平の次の指導者
・日本の政権運営が成長重視に変わるか
・気候変動による穀物価格高騰
・人手不足による成長制約の克服
・台湾問題は戦争に至るのか
・日本の不動産価格は上がり続けるか
・日経平均株価５万円、その成立条件

それぞれが、未来予測を立てる際の仮説になり得る論点と言えます。

ＡＩは敵か味方か？

ここでは、読者の皆さんに、より深く思考を巡らせていただくために、「人手不足による成長制約の克服」という仮説を、さらに掘り下げて検証してみましょう。この仮説は、先ほど列挙した「人口減少による成長率鈍化」とは一見矛盾するように思えるかもしれません。

しかし、人手不足が、将来の日本経済の成長を阻害するという仮説が覆される可能性は十分にあります。その最も有力な材料となり得るのが、ＡＩ（人工知能）に代表される新しいテクノロジーの力です。これらのテクノロジーは、省力化・省人化を推進し、労働需要を減少させると同時に、新たな労働供給を促進する効果をもたらすでしょう。欧米の有識者の中には、「ＡＩが中間層の仕事を奪う」「将来、消滅する職業は数知れない」といった、悲観的な意見を唱える人も大勢います。

しかし私は、そのマイナス面ばかりが強調されすぎているように感じています。むしろ、これらのテクノロジーは、日本においては人手不足の解消に貢献し、巨大なプラスの効果をもたらす可能性を秘めているのです。今でさえ、街中の飲食店に配膳ロボットを見かけることは日常的になっています。

つまり広義の意味で言えば、ロボット化が成長制約である人手不足を解消する有効な手段となり得ると予想されます。

さらに、人手不足の進行に伴い、日本経済や日本社会がどのように変化していくでしょうか。具体的なシナリオをブレーンストーミングの手法を用いて、10個提示してみましょう。

・ロボット化やAIの活用が進み、人間の労働が代替されていく。
・日本の企業は、労働集約型から技術・資本集約型へと、事業構造を転換し、生産性を向上させる。

・経営が悪化した中小企業が破綻した際、人手不足に悩む企業が、その労働力を吸収する。
・人手不足が、賃金上昇の圧力となる。
・日本的雇用が変化し、労働市場の流動性が高まる。
・いわゆる「ブルシット・ジョブ（無意味で非効率な仕事）」や、企業内の余剰労働力が、より生産性の高い分野へとシフトしていく。
・賃金上昇により、高齢者の就労意欲が高まる。
・海外からの移民が、さらに増加する。
・労働需要が変化し、ＡＩでは代替困難な分野で、高賃金が提示される。
・日本国内での製造が困難な製品は、輸入によって賄われるようになる。

もちろん、これらはあくまでも一例であり、それぞれに批判的な意見がありますが、しかし、未来に注目すべき材料について、その展望を深く考察していくことは、さまざまなアイデアが生まれてくるきっかけになります。このように、ブレーンストーミングによる多角的な視点から検討を深めるプロセスが、未来予測の精度を高め、不確実な時代を生き抜く力になるのです。

5 テクノロジーの夢と楽観サイクル

現代社会は、まさにテクノロジーの時代と言えるでしょう。その急速な進歩を理解しなければ、社会の変化の波に乗り遅れてしまいます。おそらく100年後の未来から現代を振り返れば、「西暦2000年から2030年頃は、新産業革命の時代だった」と評されるはずです。つまり、金融の世界においても、テクノロジーへの理解なくしては、未来を見通すことは不可能なのです。

昨今の米国株式市場では、大手AI関連企業の株価上昇が市場全体を牽引し、史上最高値を更新し続けています。「マグニフィセント・セブン」（映画『荒野の七人』の原題）と呼ばれる7つの銘柄、アップル、エヌビディア、マイクロソフト、アマゾン、テスラ、メタ、アルファベット（A株）が、その急成長の立役者です。

2024年12月末は、日本の東証の時価総額が約996兆円（6・3兆ドル）ですが、これら7銘柄だけで、その約2・6倍の16・2兆ドルという、驚異的な時価総額を誇っています。これは、世界の株式時価総額の半分を米国株が占めるという、まさに異常事態と言えるでしょう。それに対して、米国の名目GDPは、世界の26・2％を占めるにすぎません（2023年）。日本の株価も、2024年3月に4万円台に到達しました。これは、米国市場から溢れ出た、莫大な投資マネーが、比較的小規模な日本市場に流れ込んだことが、大きな要因と考えられます。

しかし、正直なところ、「テクノロジーのことは、よく分からない」という人も多いのではないでしょうか。著名投資家ウォーレン・バフェット氏は、かつて「自分の頭で考えて理解できない事業には投資しない」という信条を貫き、長らくIT企業への投資を避けてきました。ところが、その後、方針転換し、アップルやIBMへ投資を開始しました。1930年生まれで90歳を超える高齢でありながら、旺盛な知的好奇心や探究心には、ただただ驚かされるばかりです。

では、なぜ投資とテクノロジーは、これほどまでに密接な関係にあるのでしょうか。それは、企業の将来的な収益の源泉が、テクノロジーによって生み出されるからです。今はまだ、どのような分野に応用されるか、未知数な新技術であっても、広く普及するにつれて、いずれはどこかで大きな収益獲得の機会をもたらす可能性があります。この「潜在的な可能性」こそが、将来の収益を重視する株式市場の性質と、非常に相性が良いのです。

ハイプ・サイクルで冷静に見極める

テクノロジーは、その潜在的価値が過大評価されやすいという、危うさも孕んでいます。その新技術が人々の関心を集めたとしても、「それで、結局どうやって儲けるのか?」という、根本的な疑問に対して、明確な答えを示せないケースも少なくないからです。

より具体的に、ここ10年ほどで話題になった新しい技術やビジネスの名前を挙

図１　ハイプ・サイクルの概念図

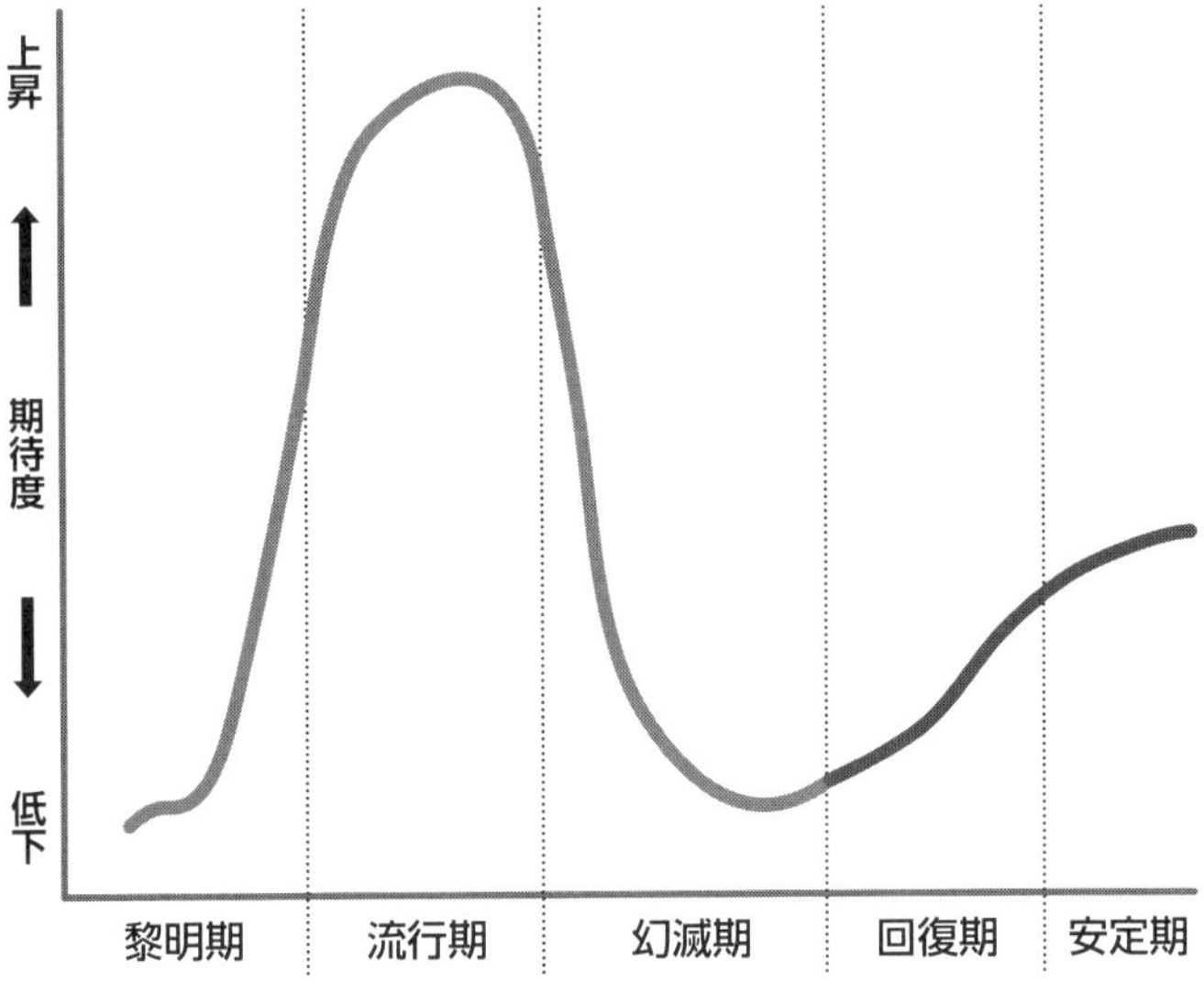

出所：ガートナー社

げてみると、メタバース、IOT（アイ・オー・ティー）、ブロックチェーン、3Dプリンターなど、さまざまな分野の技術革新がありました。しかしこれらの多くは、現在、一時期ほどの注目を集めることはなくなりました。着実に進歩を遂げているものや、クラウドサービスのように、社会に浸透し一般的になったためにあえて話題にしなくなったものもあります。雑誌やテレビなどのメディアが取り上げなくなったとしても、着実に進歩を続け、数年後に大きな市場を獲得する、新技術も存在します。株式市場における評価も、一過性のブームによる、表面的な話題性ではなく、収益性に基づいた、本質的な価値へと、徐々に軸足が移っていくのです。

世の中に登場したばかりの新しいテクノロジーは、バブル的な高揚感を生み出しやすく、私たちは、その技術の真価を、冷静に見極めなければなりません。その際に役立つのが、「ハイプ・サイクル」という考え方です。ハイプ・サイクルでは、新技術の普及プロセスを、次の5つの段階でとらえます。

・黎明期：新技術が登場し、人々の関心が高まる時期
・流行期：過剰な期待が膨らみ、市場が熱狂する時期（「過度な期待」のピーク期）
・幻滅期：急速に関心が失われる時期
・回復期：技術の応用に対する理解が進む時期
・安定期：技術の応用が広く普及するかニッチな分野にとどまるか決まる時期

このサイクルを理解することで、私たちは一時的な流行に踊らされることなく、技術の本質的な価値を見極めることができるのです。私たちには、市場の関心が薄れた後、その技術がどのように応用され、発展し続けているのか、その実態を冷静に評価する視点が重要です。

大事なのは「幻滅期」の後の動向

最近、最も注目を集めている技術は、何と言っても生成ＡＩでしょう。

２０２２年11月にＣｈａｔＧＰＴが一般公開されると、瞬く間に話題となり、地上波では昼の情報番組でも特集が組まれるほどの社会現象となりました。しかしこの生成ＡＩもまた、例外なく、いつかは必ず人々の話題から遠ざかる時期が訪れます。おそらく2～3年後にはその熱狂も沈静化するでしょう。そしてそれに伴い、米国株式市場におけるＡＩ関連銘柄への評価も、ピークを過ぎると予想されます。

ハイプ・サイクルが教えてくれるのは、一時的な流行が過ぎ去った後、つまり「幻滅期」の後の動向こそが、本質的な価値を見極めるうえできわめて重要だということです。生成ＡＩの場合であれば、「幻滅期」を経て「回復期」に至る過程で、その応用分野がさらに拡大し、関連企業の収益力も、飛躍的に向上すると予測されます。

今、私は今後10年間の成長分野として、特に3つの領域に注目しています。

1つ目は、インバウンド、すなわち訪日外国人による消費市場の拡大です。2024年には約8・1兆円です。今後、市場規模が、年平均10％で成長すると予測しています。

2つ目は、リモートワークの普及です。コロナ禍を経て、2020年から2023年にかけて一気に普及したリモートワークは、今後、職住分離の傾向をさらに加速させるでしょう。海外企業から業務を請け負い、高額な報酬を稼ぐ日本人リモートワーカーも急増すると予測されます。

そして3つ目は、先ほどの生成ＡＩです。今後5～10年のうちにその応用範囲は飛躍的に拡大し、私たちの生活にとってより身近な存在へと進化していくことは間違いないでしょう。だからこそ、「幻滅期」に至ったとしても、生成ＡＩに対する関心を失うことなく、常に最新の情報を追い続けたいと考えています。

6 氾濫する情報とバイアスの罠

私たちは日々膨大な量の情報に晒されています。そんな情報化社会の中で、新しいアイデアを生み出そうとする際、他人の影響を完全に排除することはもはや不可能です。アイザック・ニュートンでさえ、「私が遠くを見渡せたのだとすれば、それはひとえに巨人の肩の上に乗っていたからです」という言葉を残しています。人間は情報を見聞きするうちに、知らず知らずのうちに誰かの影響を受け、無意識のうちに思考の偏りが生じてしまうものです。

問題は、そのようにして受ける影響が、必ずしも良質なものばかりではないということです。むしろ、大きなバイアスがかかった、偏った情報に影響されてしまうことが少なくありません。特に、インターネットが普及した現代社会では、その危険性は、以前とは比較にならないほど大きくなっています。

では、このような氾濫する情報社会の中で、私たちはどうすれば良いのでしょうか？　私なりの答えを導き出すとすれば、それは、学校教育で用いられているような、なるべく信頼性の高い情報に触れることです。それらを判断基準の軸にすることで、虚偽の情報、いわゆる「フェイクニュース」をある程度見抜くことができるようになるでしょう。

そのためには、大人になってから、あえて小・中・高校生向けの教科書を読んでみるのも一つの有効な手段です。たとえば、国語の教科書に掲載されている文章は、さすがと思わせるほど、質の高いものが多くあります。また、政治・経済の教科書も、経済の専門家が目を通しても、非常に良くまとまっていると感じるはずです。学生時代には、その価値に気づけなかったとしても、学校教育で扱われるコンテンツは、私たちの教養が偏りの少ないものになるよう、細心の注意を払って精査されているのです。

さらに、知見を深め、教養、いわゆる「リベラル・アーツ」の力を高めたいのであれば、読書が非常に効果的です。読書は、専門分野に限らず、小説でもノンフィクションでも、あらゆるジャンルの本を読むことをおすすめします。特に、経済分野に絞って教養を深めたいのであれば、いわゆる「古典」と呼ばれる名著を、じっくりと時間をかけて読む、スローリーディングを実践すると良いでしょう。

読書の効用とタイム・パフォーマンス

しかし、こと資産運用や投資の分野においては、学校教育のように情報が精査されているわけではありません。むしろ、私たちの目に入ってくる情報には、質の低い、いわゆる「ゴミ情報」が数多く含まれています。学校教育のように、情報が発信される前に、教育の専門家によって内容が精査され、取捨選択されているわけではないからです。金融情報の世界では、情報の真偽が定かでないばかりか、情報を受け取る側の判断を、意図的に惑わせようとする情報が、数多く出回っています。まるで、濁流のように、無秩序に大量の情報が、私たちの元に押し寄せてきている状態です。そのような情報に晒され続ける中で、私たちは、自分自身の頭で情報を精査し、真偽を見極める訓練を自分自身で積んでいかなければなりません。

そのような情報過多の時代において、大きな助けとなるのが、先人たちが遺した経済の古典です。たとえば、投資関連の書籍であれば、チャールズ・エリス著『敗者のゲーム』（日本経済新聞出版社）は、ぜひ一読をおすすめします。私自身、この本は何度も読み返しています。初めて読んだ時は、有名な本であるにもかかわらず、具体的な投資テクニックが何も書かれていないことに、正直落胆しました。しかし、今、改めて考えてみると、この本は、投資哲学、投資の本質を教えてくれる、非常に貴重な本だったと確信しています。同書では、投資の原理をテニスに例え、一般人は、プロテニスプレーヤーのように、強烈なスマッシュを打つことはできない、と説いています。むしろ、勝つためには極力ミスをせず、確実にポイントを重ねることこそが、投資で成功する鉄則であると、著者は主張しているのです。そして、そのための有効な戦略として、分散投資の重要性を説いています。

こうした経済の古典は、ビジネス経験を積むにつれて、その真価を発揮します。経験を重ねた後で読むと、若い頃には気づかなかった深い洞察や、新たな発見が必ず見つかります。たとえ、年間100冊のビジネス書を読んだとしても、この本のように何年も後に記憶に残っているのは、おそらく、ほんの3、4数冊程度でしょう。

読書を習慣化することは、一見、タイム・パフォーマンスが低いように思えるかもしれません。目先の利益だけを追求するなら、読者は趣味と割り切って、読書から距離を置くという選択肢もあるでしょう。あるいは、研究開発のように、長期的な視点に立った、息の長い投資活動ととらえる考え方もあります。「急がば回れ」の考え方です。読書によって知識が蓄積されると、その知識が、やがてゴミ情報を瞬時に見分ける選択眼を生み出すのです。その結果、不要な情報に惑わされることなく、本当に必要な情報だけを取捨選択できるようになります。つまり、限られた時間を有効活用し、結果として、タイム・パフォーマンスを高めることにつながるのです。

心理バイアスを克服し、投資で成功するために

さて、自身の思考が、外部からの不必要な影響を受けなくなったとしても、それで、バランスの取れた思考ができるようになるわけではありません。実は、私たちの思考には、さらに恐ろしい敵が潜んでいるのです。それは、私たち自身の心、すなわち「心理」です。人間は、無意識のうちに、自身の心の中に潜む「心理バイアス」に、行動を左右されてしまうのです。その結果、合理的な判断ができなくなり、誤った方向に進んでしまうことがあります。私たちの本能的な心理

バイアスとは、理性的な判断を妨げる、厄介な存在です。

2002年にノーベル経済学賞を受賞した、ダニエル・カーネマンと、エイモス・トベルスキーによって創始された「行動経済学」は、人間の経済行動を心理学の視点から解明しようとする、新しい学問分野です。行動経済学では、心理バイアスが、人間の行動に、さまざまなゆがみをもたらすことを明らかにしています。行動経済学は、人間が常に合理的に行動するとは限らない、という事実を正面からとらえ、従来の経済学とは一線を画する学問です。

この行動経済学の中で、最も有名な理論が、「プロスペクト理論」です。プロスペクト理論では、投資で損失を被った時の「悲しみ」は、投資で利益を得た時の「喜び」の、2倍も大きいとされています。

従来の経済学では、損失と利益が発生する確率が、それぞれ50%ずつであっても、人間は、損失を回避しようとする傾向、すなわち「リスク回避的」な性質を持つため、投資を躊躇すると説明されてきました。しかし、どうして人間が「リスク回避的」なのかという理由については掘り下げてきませんでした。その理由は自明のもの、つまり、所与の条件として扱われました。その点、プロスペクト理論は、心理学の知見を応用し、「損失の痛みは、利益の喜びの2倍も大きい」という、人間の心理的な特性を明らかにすることで、人間が「リスク回避的」に行動する理由を、より説得力のある形で説明することに成功しました。

行動経済学における、これらのさまざまな研究成果は金融の分野にも応用され、「行動ファイナンス」という、新たな研究分野として発展を遂げています。行動ファイナンスでは、投資行動がさまざまなバイアスによって無意識のうちに投資家の心理に影響を与え、その行動をゆがめていることを指摘しています。

したがって、私たちが投資を行う際には、さまざまなバイアスについて学び、自身がそうしたバイアスに陥っていないか、常に自問自答することが重要なのです。

投資の世界では、しばしば、「精神力」の重要性が説かれます。投資で損失が発生すると、その損失を取り戻そうとする焦りから、ますますリスクの高い取引にのめり込んでしまうことがあります。投資の世界で求められる「精神力」とは、そのような、自身の心の弱さに流されず、自制心を保ち、合理的な判断を下すための強い意志と言えるでしょう。一般的に、この「精神力」は、経験豊富なベテラン投資家が、過去に何度も痛手を負った経験を繰り返し、その度に、痛切な後悔の念を味わうことで、ようやく身につけることができる経験値とされます。

行動ファイナンスは、そのような痛い目を見る前に、あらかじめバイアスに対する「予防策」を講じるための強力なツールとなり得ます。先人たちの知恵がそうであったように、様々な「認知バイアス」について学ぶことで、自身の失敗を未然に防いだり、損失を最小限に抑えたりすることが可能になるのです。

逆の立場でものを考える

未来を予測する際にも、同様のことが言えます。自身が、過度に楽観的になりすぎていないか、あるいは、将来の見通しを、現在の状況の延長線上でしかとらえられていないのではないか。そのような、自己抑制的な視点を常に持つことが大切です。

一方で、単に「何か悪いことが起こるのではないか？」と、漠然とした不安を抱くだけでは、不十分です。不安の中身を具体的に分析し、整理することで、初めてその不安と向き合うことができるのです。

もしも、自身が悲観的すぎると感じた場合には、肯定的な材料を探しましょう。現状をポジティブに評価する要素を具体的にリストアップします。そうすることで、自身の悲観的な見通しが現実的な根拠に基づいたものなのか、それとも、単なる消極的観測に過ぎないのか、客観的に判断することができるのです。

つまり、心理をコントロールする技術とは、あえて逆の立場に立って物事を考えることで、思考のバランスを保とうとする実践的な知恵なのです。

7 サイクル・循環論でとらえる経済の波

先に見たハイプ・サイクルを理解することの利点は、そこに心理的なバイアスが作用していることを認識し、冷静に市場動向を見極められるようにすることです。そのうえで、さらに未来を予測する際には、過去の経験則、すなわち循環論に学ぶことが大いに役立ちます。たとえばエコノミストが景気の好不況の変化を予測しようとする際には、まず過去数十年間のパターンを詳細に分析することから着手します。具体例を見てみましょう。【図2】

これらは、過去約30年間の不況（または、不況に近い危機的状況）を時系列で並べたものです。多くの人は、これらの出来事から、「危機は約10年ごとに発生する」

図2　ＧＤＰと景気後退

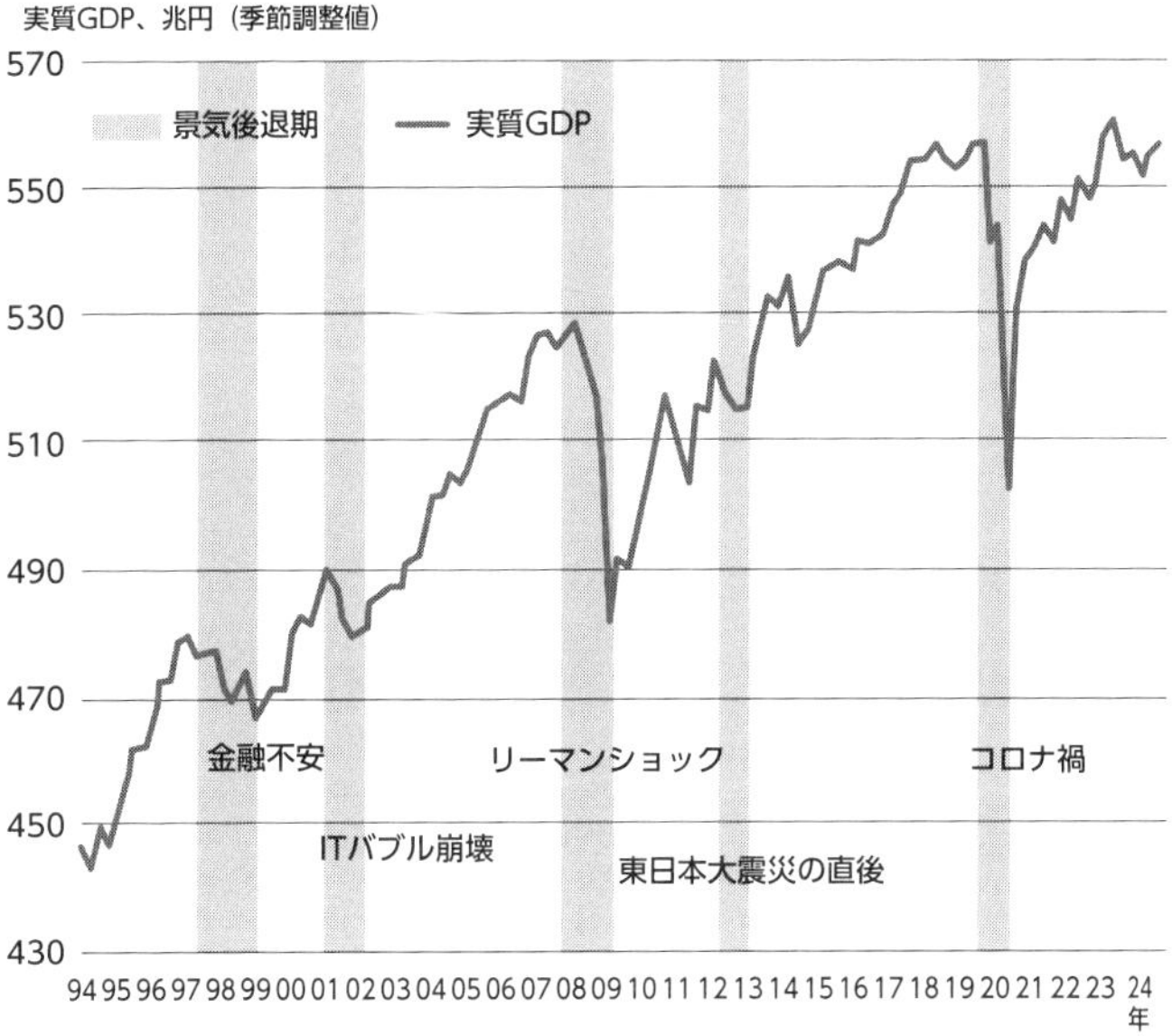

出所：内閣府

と記憶しているかもしれません。たとえば、東日本大震災からコロナ禍まで約10年、ＩＴバブル崩壊からリーマンショックまで約10年、平成バブル崩壊から金融不安の収束までも約10年、といった具合です。こうして見ると、「次は２０３０年頃が危ないかもしれない」と、ある程度の予測を立てることができます。

とはいえ、実際のところ、不況がいつ始まるかを正確に予測することは困難です。実際、コロナ禍や東日本大震災、リーマンショックやＩＴバブル崩壊も、予期せぬ出来事でした。事前には誰も予見できませんでした。

むしろ、過去の経験から確実に言えることは、不況が終わってから景気が拡大し、その景気拡大が終焉を迎えるまでの期間、つまり「景気拡大の寿命」とも言うべき期間が長くても10年、だいたい5～6年であるということです。

この「景気拡大の寿命」を、仮にコロナ禍が収束した２０２３年5月に当てはめてみると、そこから5～10年後、２０２８年から２０３３年頃が景気拡大の終わり、つまり、景気後退が始まると見当をつけられます。

景気循環と在庫変動のメカニズム

では、なぜこのような景気循環（サイクル）が生まれるのでしょうか。そのメカニズムを経済学の観点から解説しましょう。そのカギを握る一つが「在庫変動」です。

たとえば、ある企業が、人気のゲーム機を製造しているとします。当初は、商品の売れ行きが好調で生産が追いつかない状態が続きます。しかし増産を続けるうちに、徐々に在庫が積み上がっていき、最終的にはどこかで生産量を減らす、つまり減産へと方針転換することになります。このように、企業は需要予測に基づいて生産量を調整することで、市場の需要と供給のバランスを取ろうとするのです。このように、企業の生産活動（在庫）の増減のサイクルが、日本全体の景気循環にも大きな影響を与えています。

生産に関する統計データを長期的な視点で分析すると、生産活動は波のような上昇と下降のパターンを描いていることが分かります。これが「在庫循環」と呼ばれる現象です。

興味深いことに、この在庫循環は、工場などの「供給側」だけでなく、私たち消費者という「需要側」からも発生しています。たとえば、新製品が発売されてブームになると、多くの人がそれを手に入れようと店頭に行列をつくります。しかし、ほとんどの消費者がその商品を購入してしまうと、需要は満たされ、店頭の行列もいつの間にか消えてしまいます。これもまた、需要のサイクルで説明できる現象です。

「知識サイクル」と株式投資の密接な関係

さらに、この「需要のサイクル」は、新製品を「新しい知識」に置き換えても同じように説明できます。まだ誰も知らない目新しい知識は、その新鮮さゆえに、一時的なブームを引き起こします。しかし、その知識が広く普及して多くの人が知るようになると、その知識は新鮮味を失い、やがて人々の関心も薄れていきます。これが、「知識サイクル」です。

前述した「ハイプ・サイクル」は、この「知識サイクル」の考え方と類似しています。ＡＩブームのように、その対象が複雑で高度な知識を要する場合、その知識が社会に浸透するまでには相応の時間が必要です。そのため、一時的な流行が比較的長く続く傾向が見られます。しかし、どれほど革新的な技術や知識であっても、いずれは人々の関心が薄れて衰退していきます。

実は、この「知識サイクル」と、株式投資には、非常に深い関係があります。たとえば、「これから話題になりそうな○○に注目！」という投資情報があるとします。人々が目新しいと思う知識が広まってブームが始まり、話題性が薄れていくことでブームは終わります。この現象は、時にはそうした投資情報からある種のバブルを発生させます。

バブルの発生と人間心理

では、なぜ株式市場でバブルが発生するのでしょうか？　それは、この「知識サイクル」における一時的な流行、すなわち「バブル」が、株式の収益率の高さだと錯覚させられるからです。収益率が高いから株高なのではなく、株高だから収益率が高いと、因果関係が逆転してしまいます。それによって自己実現的に株価を押し上げてしまうからです。

こうした傾向は、日本国内の金融市場に限った話ではなく、海外の投資家にも共通して見られる現象です。たとえば、海外の人と話をしていると、「米国ではこんな話が話題になっているが、あなたはこの話を知っているか？」と、彼らが、これから流行しそうなトピックについて意見を求めてくることがあります。金融市場でさまざまな種類のバブルが発生する理由には、一時的な流行をけしかけてくる人がいて、それに乗せられて投資家の取引が過度に活発化し、市場が過熱状態に陥るためです。

米国株式市場でバブルが発生すると、その過程で莫大な資金が市場に流れ込み、その一部が日本株市場にも流入してきます。日本株市場は米国と比べて市場規模が相対的に小さいため、米国から流れ込んできた巨額の投資マネーによって、日本株の株価は大幅に押し上げられることになります。

日本の金融市場の関係者は、海外からの巨額な投資マネーの恩恵をできるだけ長く享受したいと本能的に考えています。そのため、一時的なバブルに乗じた投資の危うさに寛容になってしまう傾向があります。こうした心理バイアスには、十分に注意しなければなりません。

このように、経済や金融市場が、ある種のサイクルを描きながら変動していることを理解することは、冷静に株価の上昇要因を分析するうえでも非常に重要です。人間の心理は、時にバイアスにとらわれ、合理的な判断を見失ってしまうことがあります。たとえば、ある企業の経営者が、根拠の乏しい強気の業績見通しを示したとしても、その企業の株価が上昇している場合は、株価はさらに上昇する可能性があります。

反対に、人間は、時に過度に弱気になりすぎることもあります。たとえば不況に陥ると、あたかもその不況が永遠に続くかのように錯覚し、過度に悲観的になってしまうのです。しかし、後になって振り返ってみると、実際には市場の悲観が極限に達したときこそが景気の底であり、その後に景気が回復し、株価も反転上昇するというケースも珍しくありません。

つまり、私たちが未来を正確に予測する能力とは、人間の心理に潜むバイアスを見抜き、経済や金融市場が変動している根拠を理解し、客観的に今後の市場動向を分析する力と言えるのです。

8 マーケットは未来を映す鏡

私たちが未来を見通したいと考えるなら、サイクル・循環論に加えて、金融市場における株価と長期金利の動きを理解しておくことが重要です。実は、株価も長期金利（債券価格）も、投資家たちの未来予測を反映して変動する、いわば未来の姿を映し出す鏡なのです。私たちにとって、最も身近な未来予測ツールと言えるでしょう。

たとえば、日経平均株価は、数か月から半年先の景気動向を織り込んで動くとよく言われています。株価が上昇した後、実際に企業業績が向上し、「あの時の株価上昇は、景気回復を先取りしていたのか！」と気づかされることがあります。

株価とは、投資家が株式の将来配当を予測しながら売買することで、上下動を繰り返すものです。業績予想が上方修正されれば、投資家は配当増加を期待します。その予想に基づき、その企業の株式を買い求めるのです。

一方、長期金利は、国債の売買を通じて決まる価格です。将来、国債を満期まで保有した際に得られるクーポン（利子）と償還金（元本）の合計額を、予想インフレ率で割り引いた現在価値が、国債の価格となります。将来のインフレ率が上昇すると予想されると、将来受け取れる金額の現在価値は減少します。これは、将来の1000万円の現在価値が下がるのと同じことです。その結果、国債価格も下落します。国債価格が下がると、満期まで保有した場合のクーポン（表面利率）の投資利回り（実質利率）は上昇します。この投資利回りが、いわゆる「長期金利」と呼ばれるものです。つまり、長期金利の変動を観察することで、市場が予測する将来のインフレ率の変動を、間接的に把握することができるのです。

株価と長期金利に働くメカニズム

では、なぜ株価や長期金利といったマーケット指標が、未来予測の役割を果たすことができるのでしょうか。それは、市場メカニズムが働いているからです。市場では、不特定多数の投資家が集まり、それぞれの相場観に基づいて、日々売買を繰り返しています。その結果、需給バランスが調整され、適正価格、いわゆる「フェアバリュー」が形成されます。

将来、株式が生み出すと予想される収益、あるいは、国債価格に織り込まれたインフレ予想は、この需給バランスの均衡点において、平均的に、正しい数字に収束する傾向があります。これこそが、市場メカニズムの不思議さです。

実験経済学の分野では、この市場メカニズムを人為的に再現する実験が行われています。その結果、やはり市場価格は平均的に正しい価格へと収束することが確認されています（なぜこのような現象が起こるのか、そのメカニズムを合理的に説明することは容易ではありません）。いずれにせよ、こうしたプロセスを経て形成された市場価格は、一定の信頼性を有していると言えるでしょう。

私が大学生だった頃、当時存命中の経済学者フリードリッヒ・フォン・ハイエク（1899〜1992）の著書を読んだ際、彼は「市場価格とは、情報を集約する機能である」と述べていました。市場では、投資家たちが各々の収益予測に基づいて株式を売買し、その結果、最適な価格が瞬時に形成されます。ハイエクは、これこそ人類の経験から生まれた偉大な英知であり、いかに優秀な学者を集めても、市場が生み出す適正価格以上に正しい価格を導き出すことは不可能だと主張しています。つまり市場というメカニズムは、まさに人間の英知を超越していると言っても過言ではないのです。

私が「市場価格には、神々しいまでの力が秘められている」と実感するようになったのは、この本を読んでから10年以上が経ち、金融市場の中でそのメカニズムに直接触れてからでした。そこで初めてハイエクの言葉の真意が腑に落ち、市場価格には人知を超えた神秘的な力が宿っていると確信するに至ったのです。

市場の「集合知」を肌で感じるうちに、私は株価や長期金利の変動を手掛かりに、その背後の要因を分析し、景気やインフレの先行きを読み解く力を少しずつ身につけることができました。これは、いわゆる「マーケット・センス」を磨くうえでも、非常に有益な経験となっています。

市場の「集合知」を読み解く

市場価格が持つ、情報機能の最大の利点は、その「集約力」です。インターネットの普及により、私たちは、膨大な量の情報に、容易にアクセスできるようになりました。しかし、実際には、その情報の海の中で、必要な情報を的確に選び出し、活用できている人はどれほどいるのでしょうか。

そもそも情報は、量ではなく、質が重要です。山のように存在する情報の中から、何を優先し、何を取捨選択するのか。たとえば、数多くの飲食店が掲載されたグルメサイトを見ても、実際に今晩食事に行くお店はその中の一軒だけです。選択肢が多すぎると、かえって迷ってしまい、結局何も決められません。

情報と向き合ううえで、最も重要なのは、優先順位です。たとえば、株価は、数多くの情報の中から、市場が特に重要だと判断した情報を反映して変動します。つまり、株価がどのような情報に反応して変動したのかを分析することで、市場がどのような情報を重視しているのかを把握することができるのです。この「市場の目線」を養うことが、変化をいち早く察知する能力の向上につながります。

さらに、金利の動向、特に米国の長期金利の動向を注視することも、未来予測の精度を高めるうえで非常に効果的です。米国の長期金利は、米国経済の「体温計」のような存在です。経済活動が活発化し、景気が過熱気味になれば、長期金利は上昇します。反対に、景気が冷え込み、後退局面に入ると、長期金利は低下します。たとえば、ＦＲＢが金融引き締め政策を強化して政策金利を引き上げると、当初は、景気減速懸念から米国の長期金利は低下します。しかし、その後に金融引き締め政策が一定期間継続されると、市場は政策の効果を見極めようとします。その結果、米国の長期金利が再び上昇に転じることも珍しくありません。そして、米国の景気は冷え込むどころか、金融引き締めにもかかわらず堅調に推移していることが確認され、やがて投資家は景気の先行きに自信を深め、長期金利はさらに上昇することもあります。

このように、仮説を立てて検証を繰り返すことで、米国の長期金利の変動から間接的に、米国経済の動向を読み解くことができるのです。

この米国経済の動向は、日本経済にも大きな影響を与えます。米国の景気動向を把握することは、日本の輸出数量の増減を予測する材料になります。また、米国の長期金利の動向は、ドル円レートの変動にも大きな影響を及ぼします。一般的に、米国の長期金利が上昇すると、米ドルに投資する魅力が高まり、投資家は積極的に米ドルを購入するようになります。その結果、ドル高・円安が進行します。円安局面では、日経平均株価も上昇しやすくなるのです。

為替レートの変動に精通することは、世界各国の経済情勢に関心を持つきっかけにもなります。自分の好奇心をさらに広げたいと思うのであれば、米ドルへの投資を始め、為替レートを日々チェックする習慣を身につけると良いでしょう。

株価、金利、為替レートを一体のものとしてとらえる

金融マーケットは、主に、株式市場、債券市場、為替市場の3つの市場で構成されています。そして、これらの市場では、株価、金利、為替レートという、3つの重要な価格が形成されます。これら3つの価格は、それぞれが密接に関連し、相互に影響し合っています。金融市場の全体像を理解するためには、これら3つの価格の変動を、常に、セットでとらえることが重要です。

たとえば、景気が悪化すると、投資家は、リスクを回避するために、株式を売却し、その資金を値下がりしにくい資産とされる債券に振り向ける傾向があります。これは、分散投資という手法です。機関投資家と呼ばれる大口の投資家は、株式と債券の両方に分散投資を行っています。投資家が値動きが逆方向に動く資産に分散投資を行うことで、運用資産の変動率を抑制するのです。

分散投資の考え方は、国際分散投資にも応用できます。国際分散投資とは、日本国内だけでなく、米国、欧州、アジアなど、世界中の国や地域に資金を分散して投資する手法です。たとえば、米国の長期金利と日本の長期金利は連動する傾向があります。これは、国際分散投資を行う投資家が、日米両国の金利差などを考慮しながら投資資金を移動させるためです。その結果、日米間での資金シフトが生じ、ドル円レートの変動にもつながります。米国の長期金利が上昇すると、ドルに資金シフトが起こり、ドル高（円安）になります。米国に集まった資金が、ダウやナスダックなど米株高を演出し、さらにその資金の一部が日本株を押し上げます。この理屈から考えると、「円安メリットによって日本株が上がる」のではなく、米国への資金シフトがドル高と米株高・日本株高を同時に引き起こしていると理解できます。

近年、世界的な国際分散投資の規模は、年々拡大しています。そのため、日本市場の動向は、日本国内の要因だけでなく、海外市場、特に米国市場の影響を大きく受けるようになっています。つまり、現代の金融市場を理解するためには、株価、金利、為替レートを、常に一体のものとしてとらえ、分析することが不可欠なのです。そして、これらの金融市場のメカニズムを理解することで、私たちは、より広い視野を持って、相場を見通すことができるようになるのです。

図3　為替レートと日米長期金利の推移

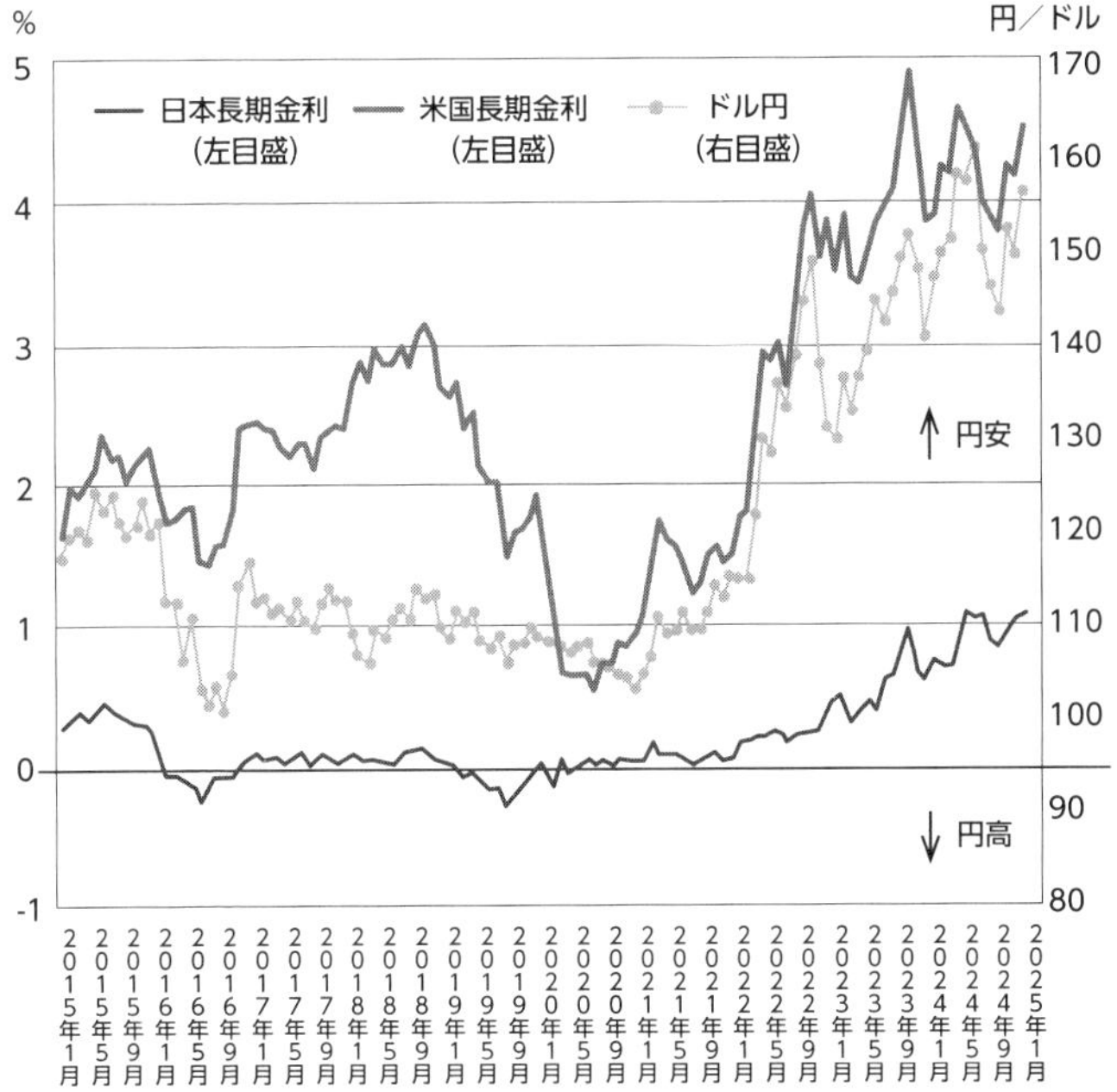

出所：Investing.com

図4　日経平均株価と為替レートの推移

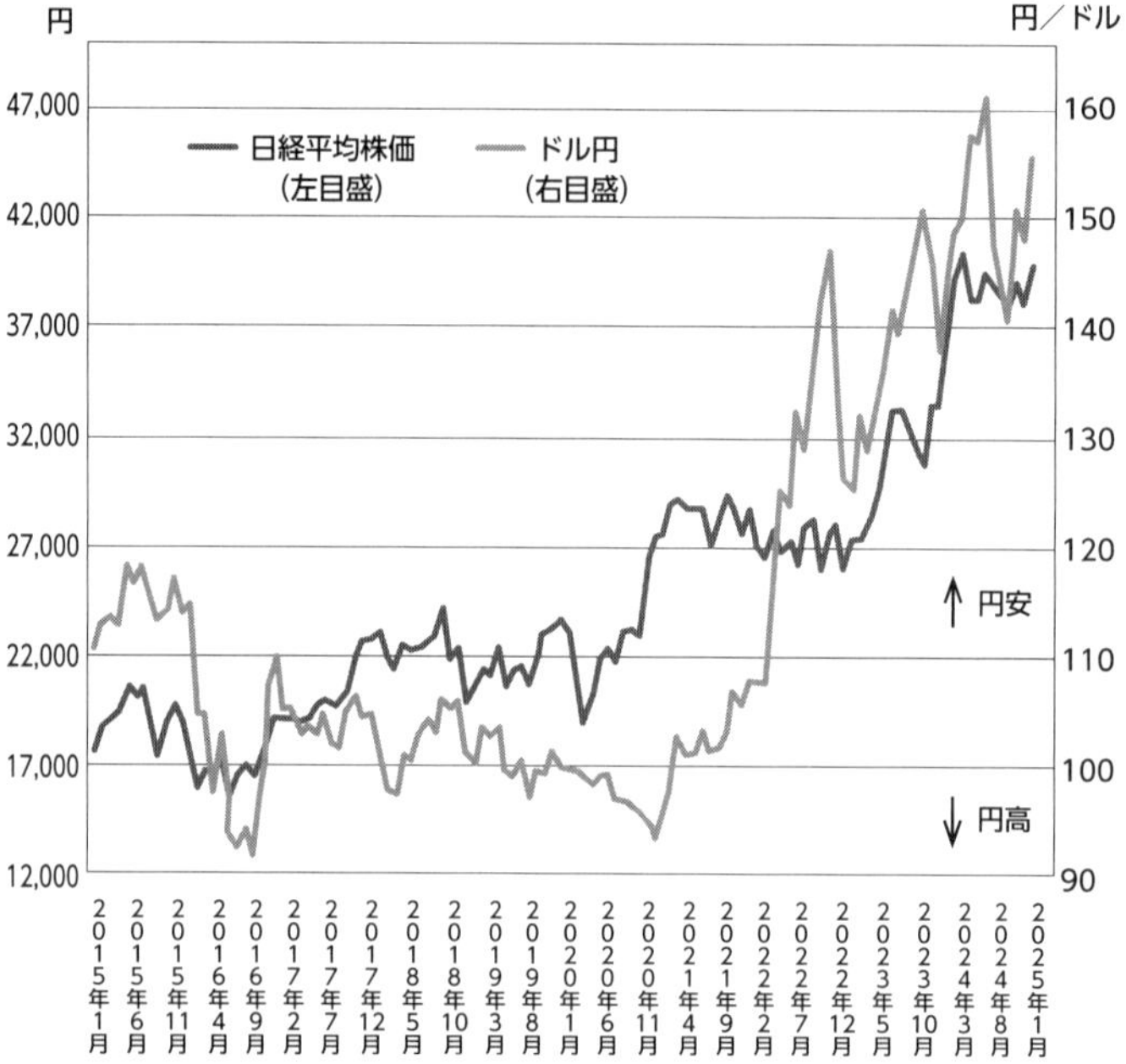

出所：Investing.com

9

先を見通す〝仮説力〟を磨くために

改めて、ここでは「先を読む力」、すなわち未来を予測する仮説力について、私の考えを整理しておきたいと思います。

未来予測の能力とは、将来の経済動向や市場の変化を、的確に予測できる力と言い換えることができます。具体的には、自分自身で、将来予測に関する課題を設定し、その課題に対する答えを合理的に導き出す能力を指します。

この能力は、一朝一夕に身につくものではなく、日々の経験、訓練、そして習慣によって徐々に磨かれていくものです。エコノミストや投資家は、その仕事を通じて日常的に未来予測を行っています。そのため、一般の人々と比較して、未来予測に関する課題をより適切に処理することに長けていると言えるでしょう。

私のようなエコノミストは、未来予測を、いわば「習慣化」しているのです。この「習慣」は後天的に身につけることが可能なものであり、そのプロセスは多くの人が何かを学ぶ過程と、本質的には同じです。

慶應義塾大学教授の今井むつみ氏は、英語教育を例に、英語を使いこなすためには「英語のスキーマ」を獲得することが重要だと指摘しています。「スキーマ」とは、無意識のうちに形成される「知識や経験を使いこなすための能力」の枠組みであり、いわば思考法や行動様式の基盤となるものです。

そもそも知識の蓄積が乏しい人は、いざ何らかの業を実行しようとしても、自身の能力をうまく活用することができません。一方知識を幅広く蓄え、その分野に対する深い理解、いわゆる「土地勘」を養っている人は、状況に応じて知識を柔軟に応用し、即座に使いこなすことができます。これは、英語の習得に限らず、あらゆる分野の学習に共通する普遍的な原理です。

モチベーションを維持しつつ学び続ける

近年、目覚ましい発展を遂げているＡＩも、人間と同じ学習プロセスを辿っています。ＡＩは、膨大な数の事例を繰り返し学習し、経験値を高めることでその能力を向上させています。人間とＡＩの根本的な違いは、ＡＩがその学習プロセスを自動的に、かつ、ごく短時間で完了させることができる点にあります。一方、私たち人間は、ＡＩのように効率的に学習することはできません。そのため、人間が効果的に学習するためには、高い目標意識と粘り強い意志を持って取り組む姿勢が不可欠です。「投資脳」や「先を読む力」といった、高度なスキルを習得するためには、なおさらです。

人間が効果的に学習するためには、学校教育のように、教師から一方的に知識を教わるだけでは十分とは言えません。むしろ自分自身で学習のテーマを設定し、自問自答を繰り返しながら、能動的に学ぶ姿勢が重要です。そのためには、ある程度のストイックな学習態度も必要となるでしょう。この点は、人によっては大きな壁と感じるかもしれません。

エコノミストの場合は、自分が学んだ知識やスキルを大勢の人々にレポートや講演会・セミナーといった場で披露する機会があります。これは、自身の学習に対する強力なモチベーションとなります。

一般の人々の場合には、自身の学習成果を多くの人々に披露する機会は限られています。その一つの解決策として、前述したように、自身の学習プロセスを工夫して、成果をブログなどで公開することが挙げられます。

先人から学び、未来を切り開く

「先を読む力」を磨くうえで忘れてはならないのは、自分が理想とする「先生」や目標となる「メンター」を勝手に設定することです。彼らの背中を追いかけることで、具体的な目標が明確になり、学習へのモチベーションが高まるからです。

未来を見通すという不確実性の高い領域においては、私たちよりもはるかに先を行く先人たちの知恵に学ぶことがきわめて重要です。数多くの本を読んでいると、「この人の発想は、本当に素晴らしい！」と感銘を受ける人物にきっと出会えるはずです。そして、「なぜこの人は、このような考え方ができるのだろう？」という素朴な疑問や、憧れの気持ちが湧き上がってくるでしょう。

日本の伝統的な芸道の世界では、守破離（しゅはり）という言葉が用いられます。これは、学びのプロセスにおける3つの段階を示しています。「守」とは、師匠の教えを忠実に守り、確実に習得すること。「破」とは、師匠の教えをただ模倣するだけでなく、自分なりに解釈して、より良いものへ発展させること。そして「離」とは、師匠の流儀から完全に独立し、独自の境地を切り開くことを意味します。

未来予測においても、この「守破離」の精神は大いに参考になります。まずは、自分が「先生」と見定めた先人の知恵や思考プロセスを徹底的に学び、真似ることから始めます。そして、それを土台として、自分なりの解釈を加え、独自の予測モデルを構築していくのです。最終的には、「先生」の流儀から離れ、自分自身のオリジナルの予測手法を、確立することを目指すべきです。

たとえば、私にとって、「先生」と呼べる存在の一人が、投資家であるジム・ロジャーズ氏です。彼は、世界中のあらゆる出来事に関心を寄せ、投資家としての独自の視点から、将来有望な投資先を的確に見極めています。私は彼の、誰にも媚びることのない、洞察力に満ちた、自由な発想に深く共感しています。

彼は現在、シンガポールに拠点を移し、2人の娘に中国語を学ばせています。これは、彼が中国の将来性に大きな期待を寄せているからです。彼は、「近い将来、朝鮮半島で韓国と北朝鮮が統一されれば、かつてのドイツ統一のような熱狂的な市場が生まれ、北朝鮮を取り込んだ韓国経済は飛躍的に成長するだろう」と予測しています。

このような、常識の枠を超えた大胆な発想は、凡人にはなかなか思いつくものではありません。ジム・ロジャーズ氏は、世界中を旅しながら、独自の視点で未来を予測しています。彼の言説は、特定のイデオロギーに一切とらわれることなく、常に合理性と実利主義に基づいています。彼は、投資家としての視点だけでなく、商人としての冷徹なまでの現実主義的な視点を持ち合わせています。このような多角的な視点と、合理的な思考、そして幅広い分野に対する旺盛な好奇心こそが、彼の卓越した洞察力の源泉なのです。

私自身、未来を予測する際には、「この国際問題を、ジム・ロジャーズ氏ならどのように考えるだろうか？」と、自問自答することがあります。

予測精度を高める「メタ認知能力」

未来予測の専門家である、ペンシルバニア大学のフィリップ・E・テトロック教授は、著書『超予測力　確実な時代の先を読む10カ条』（早川書房）の中で、「予測に役立つ思考スタイルは、複数の見解を比較したうえで予測する能力である」と述べています。つまり、一つの固定観念にとらわれることなく、多角的な視点から物事をとらえることが、予測精度を高めるためには不可欠なのです。そのためには、特定の思考法、情報の集め方、そして、自身の考え方を柔軟に更新し続ける能力が求められます。

私は、テトロック教授が指摘する、「自らの考え方を能動的に更新し続ける」ことこそが、未来予測において、最も重要な要素だと考えています。

近年、認知科学の分野では、「メタ認知能力」という言葉が注目を集めています。「メタ認知能力」とは、自分自身の認知能力、すなわち、判断力、学力、計算力などを客観的に自己評価し、必要に応じて自身の思考や行動を修正できる能力です。簡単に言えば、「自分自身を自分の外側から、もう一人の自分が客観的に観察し評価する能力」と言えるでしょう。たとえば、学業成績が優秀な生徒は、自身の学習方法や学習進度を客観的に評価し、必要に応じて学習方法を改善したり、学習計画を修正したりすることができます。彼らは、自分自身の学習プロセスを俯瞰的にとらえ自己管理する能力、すなわち、「メタ認知能力」に長けているのです。こうした生徒は、自身の学習状況を客観的に把握しているため、過度に自信過剰になったり、逆に、必要以上に自己卑下したりすることなく、常に冷静に自身の学習状況を評価することができます。その結果、心理的なバイアスに、惑わされることなく、着実に学習を進めることができるのです。

このような、自身の思考や行動を客観的に評価できるようになることが、未来予測の精度を高めるうえで、非常に重要です。そして、この「メタ認知能力」は、未来予測に限らず、自身の能力を最大限に引き出し、目標を達成するためにあらゆる場面で役立つ汎用性の高い能力なのです。

未来予測の新たな可能性

最後に、未来予測の将来像についても少し触れておきたいと思います。

近年、ＡＩ技術は目覚ましい発展を遂げています。そして、その進化は未来予測の分野でも大きな可能性を秘めています。すでに未来予測のための強力なツールとして活用され始めており、将来的にはＡＩが人間を凌駕する可能性も十分に考えられます。しかし私は、ＡＩが人間の予測能力を完全に代替するとは考えていません。むしろ、人間の予測能力を強力に支援する頼もしいパートナーとなり得ると期待しています。

たとえば、ＡＩは膨大な量のデータから、人間には気づきにくいパターンや相関関係を見つけ出すことが得意です。これは、人間が直感や経験則に頼って判断を下す際に陥りがちな認知バイアスの影響を最小限に抑えるうえで非常に有効です。一方、人間はＡＩにはない柔軟な思考力や創造力、そして倫理的な判断力を備えています。これらの能力は、ＡＩが提示した予測結果を鵜呑みにするのではなく、その妥当性を多角的に検証し、必要に応じて修正を加える際に不可欠です。

つまり、ＡＩと人間がそれぞれの強みを活かし、相互に補完し合うことで、より精度の高い未来予測が実現できると私は考えています。

近い将来、筆者は人間とＡＩが協働することで、未来予測の精度は飛躍的に向上すると期待しています。そしてその結果、私たちはより確かな未来への指針を手に入れることができるのです。

たとえば、対話型のＡＩであれば、ＡＩに対して未来予測に関する質問を投げかけ、その回答をさらに深掘りするような追加質問を繰り返し行うことができます。これは、人間同士が議論を深めていくプロセスと本質的には同じです。生成ＡＩは人間からの質問に対して、多様な回答を提示してくれます。いずれ、人間はＡＩとの対話を通じて、自分一人では思いつかなかったような新たな視点やアイデアを得ることができるようになります。そして、人間はＡＩとの対話を通じて、思考を深めることができます。これは、いわばＡＩを思考の「壁打ち相手」として活用するようなものです。

このように、ＡＩは人間の思考プロセスを強力に支援するツールとなり得るのです。ですから人間は、ＡＩを単なる便利な道具として扱うのではなく、共に未来を創造するパートナーとして積極的に活用していくべきだと私は考えます。

《コラム1》「未来」とはどの範囲か？

私たちが「未来を見通す」と言うとき、その「未来」とは、具体的にどれくらい先のことなのでしょうか？　もしかしたら、ほんの一寸先さえも闇に包まれ、確かなことは何も分からないのかもしれません。しかし、それでも私たちは、不確かな未来に目を凝らそうと努力します。ここでは、私たちの「見通せる距離感」について考察してみましょう。

まずは比較的近い将来について考えてみましょう。たとえば、3〜6か月先の未来であれば、多くの人にとって、ある程度明確に見通すことができる、いわば「視力が維持できる距離感」と言えるでしょう。しかし、これが1年先の未来となると、状況は一変します。不確実性が増し、まるで暗闇の中にいるかのように、対象物をはっきりととらえることが難しくなります。

では、私たちが見通すことのできる未来の「距離感」は、どのように決まるのでしょうか？　それは、予測しようとする「テーマ」によって異なります。テクノロジーや社会構造の変化といったテーマは、5～10年先の未来を見据える必要があるでしょう。こうしたテーマは不確定要素が多く、正確に予測することは困難です。一方、経済政策や外交問題は、1～3年先という比較的短い時間軸で見通しを立てやすい分野です。エコノミストが主要な分析対象とする景気見通しや政策効果、相場予測などは、3か月から1年先という近い将来の予測です。

「なんだ、たったそれだけしか見通せないのか」と落胆する人もいるかもしれません。しかし、人間の視力に限界があるように、未来を見通す力にも限界があるのです。重要なのは、予測能力の限界を認識したうえで、その範囲内で最大限の努力をすることです。そして、意識的に予測のトレーニングを積むことで、本来は動かないはずの「視力の筋肉」が徐々に鍛えられ、未来が少しずつ見えるのです。

第2章

未来予測に役立つツール

1 景気循環を読む

未来が読めるとしたら、あなたは何をしますか？　おそらく、「自分の未来なんて、少しも知りたくない」と答える人が多いでしょう。知りたくないことを知ると、憂鬱な気分になるからです。私自身も、多少、そう感じます。

しかし中には、未来を予知し、それをチャンスに変えて、大儲けしたいと考える人もいます。１９８９年公開の映画『バック・トゥ・ザ・フューチャーＰＡＲＴ２』では、悪役ビフがスポーツ年鑑を手に入れ、過去の試合結果を調べ、スポーツ賭博で儲けることで大富豪になります（このビフのモデルは、後のトランプ大統領と言われています）。

「未来の株価が分かれば、株式投資で一儲けできる」と考える人はいるでしょう。

未来予測は、投資で勝つための強力な武器です。未来予測学とは、不可知性に挑戦する錬金術のような側面があります。だから、未来を読む力を得られれば、そこに眠る大きなチャンスに近づけると、胸が高鳴ります。

ここでは、私が実践している、未来予測の手法を紹介します。「パターン＝循環」を読み解き、次の展開を予測するメソッドです。まずは、思考実験をしてみましょう。私たちは、毎年、冬がどんなに寒くても、2～3か月で暖かい春が訪れると知っています。つまり、気温に関してほぼ正確な未来予測ができているのです。

ここで、「気温＝株価」と仮定します。投資で利益を得るには、寒い冬（株価が低いとき）に株を買い、暑い夏（株価が高いとき）に売れば良いのです。この取引を何度も繰り返せば、利益を積み重ねられます。これは、季節のパターンを利用して利益を得る手法です。春夏秋冬という気温の変動パターンが、毎年、規則正しく繰り返されることを利用する「サイクル投資」です。重要なのは、規則性のある変動パターンを把握することが、未来を読むことにつながるという点です。株式投資における「チャート分析」も、価格変動のパターンを読み解き、最適な売買タイミングを見極めようとする手法です。私はチャート分析の知識はありませんが、多くの投資家が活用しています。

データで見る景気後退期のパターン

次に、株価にも季節変動のようなサイクルがあるかを検証しましょう。そのようなサイクルを知れば、利益が得られるかもしれません。結論から言えば、株価に季節変動のような明確なサイクルは確認できません。しかし、長い期間を調べると、より大きな影響力を持つ変動サイクルが存在します。それが「景気循環」です。景気拡大期には株価は上昇し、景気後退期には下落する傾向です。つまり、景気の好不況と、日経平均株価の上下動には、密接な相関関係があるのです。私は、この関係を解明すれば、投資で利益を得られると考えています。

具体的に図表をみてみましょう。次ページの図は、景気後退期に影を付けて、長期的な株価推移を示したものです。景気後退期は、数年に一度の頻度で発生しています。景気拡大が数年続くと、ある時から風邪をひいたように悪化するのです。このパターンは、過去数十年にわたって繰り返されています。１９８４年から２０２３年の約40年間では、日本経済は7回の景気後退期を経験しています。その期間には、株価は景気後退期に継続的に下落する傾向が見られます。図のグレー部分が景気後退期で、株価はおおむね下落しています。

一方、景気が後退期から拡大期に転じると、株価は上昇局面に移行します。景気拡大期は後退期より長く続く傾向にあるため、投資家は利益を享受できる可能性が高まります。この変動パターンは普遍的な法則ではありません。しかし、高い確率で同様のパターンが繰り返されることは、過去のデータが示しています。

図５　景気循環と日経平均株価

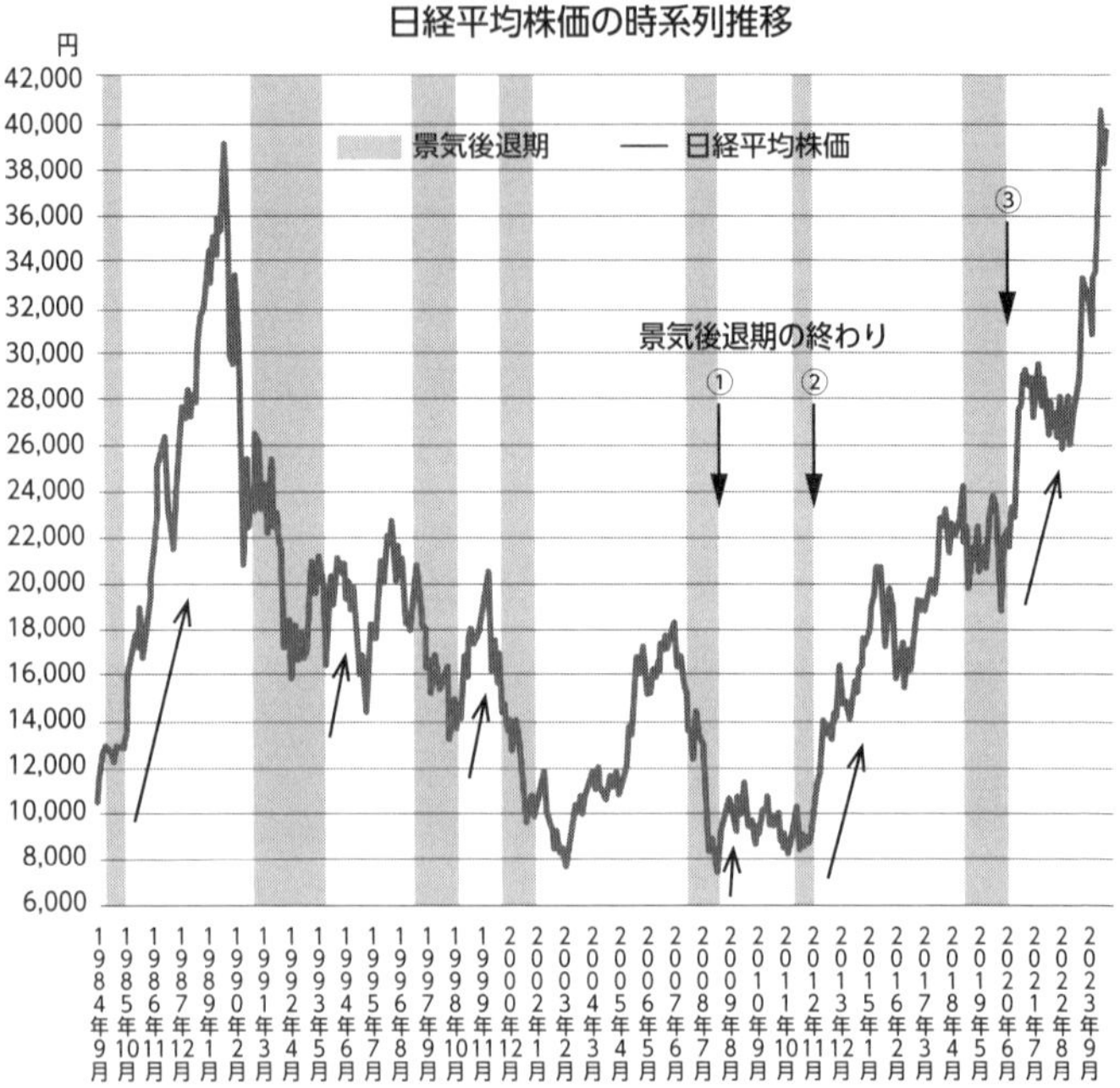

出所：Yahoo Finance

過去の教訓を投資戦略に活かす

【基本公式】
・株価には上下動のパターンがある
・景気拡大期は上昇
・景気後退期は下落

このパターンを理解すれば、資産運用で有利な戦略を立てられます。景気拡大が始まる前に株を買い、景気後退期に入る前に売却するのです。原則は、安値で購入し、高値になってから売却することです。

そのために、景気動向と株価は密接に関連することを熟知して、景気動向の観察を怠ってはいけません。株式投資をするとき、「株価だけを見ていれば良い」という考えは危険です。景気が悪くなったとき、「もうすぐ景気後退期が終わりそうだ」という市場の見方が強まると、それが株価の底値だったりします。そのタイミングこそが、「買いのサイン」です。

過去の景気後退期と日経平均株価の関係を検証すると、次の通りです。

①リーマンショック後の景気後退期の終わり＝2009年3月
②東日本大震災後の景気後退期の終わり＝2012年11月
③コロナ禍の景気後退期の終わり＝2020年5月

株価は、①～③の景気後退期の終わりと同時期、または数か月前に、底値を打ち、上昇に転じています。「もうすぐ景気後退が終わる」という市場の期待が株価に織り込まれ、底値が形成されるのです。図表5（112ページ）の通りです。

反対に、株価のピークはおおむね景気後退期に先行する傾向があります。過去データでは、1989～2008年は景気拡大期の終わり頃に株価のピークが訪れるパターンが多く見られます。2009年以降はそのパターンが消えていますが、今後も景気拡大の真っ只中に株価がピークを迎えるケースは要注意です。

株価のピーク前後の状況は、市場参加者の心理が極度に強気になり、世の中全体が、その強気な意見に引きずられている状態です。私は、この集団心理、市場心理の過熱こそが、バブル経済を引き起こす根本的な原因だと考えています。誰もが最高値がどこの時点かを言い当てることはできないと感じます。

人間心理は「集団的思考の虜」になりやすく、専門家やベテランでも、この傾向から逃れることは困難です。あのニュートンも、1720年に株価バブルの崩壊で2万ポンド、現在の4億円相当の投資資金を失ったのは有名な逸話です。ニュートンは一度高値で儲けた後、また値上がりしたのをみて再投資して、大怪我をしました。彼の日記には、「天体の動きは予測できても、群衆の狂気は予測できない」と書き残されています。

短期的な市場のノイズに惑わされない

私は、「安く買って、高く売る」という原則に基づき、景気動向を見ながらの株式投資をすすめてきました。しかし、実際の資産運用はそれほど単純ではありません。多くの投資家は、株価のピークを正確に予測しようとしますが、これはきわめて困難です。底値を見通すことができても、高値を見極めるのは至難の業です。

そこで推奨したいのが、「バイ・アンド・ホールド戦略」です。割安な時に購入した株式は、売却せずに長期間保有し続けます。株価のピークを予測することは難しいため売却は考えず、株価が下がったときにのみ買い増しを検討します。この戦略は、失敗しにくい堅実な方法です。セカンドベストに徹する戦略です。

新ＮＩＳＡ制度は、この戦略を後押しします。新ＮＩＳＡでは、一度購入した株式を長期間保有することが想定されているからです。配当・分配金が非課税となるなどのメリットを最大限に活用するには、短期的な売買を繰り返すより、長期的な視点で資産を運用するほうが効果的です。新ＮＩＳＡ活用時は、売りのタイミングより、景気循環を学び、株価が下がったタイミングで割安な銘柄を購入することを意識すべきです。

もう一つの選択肢は、少額でリスクを承知で短期売買に挑戦することです。その際は、「頭と尻尾はくれてやれ」という相場の格言を肝に銘じましょう。これは、欲張りすぎず、ほどほどの利益で満足することの大切さを説いたものです。多くの投資家は、最安値で買い、最高値で売りたいと願いますが、それは不可能です。投資家の先人たちは、「欲張りすぎず、ほどほどの利益で満足せよ」と教えてくれています。これは、投資で成功するための重要な心得です。

《コラム2》景気の踊り場について

このコラムは、少々専門的な内容になりますので、ご興味のある方だけお読みください。

景気が拡大している局面でも、一時的に足踏み状態になることがあります。これを、「景気の踊り場」と呼びます。階段の途中に設けられた、平らなスペースを「踊り場」と言います。それになぞらえて、景気の上昇が一時的に停滞する局面を指すのです。景気は後退しているわけではありませんが、かと言って明確に良くなっているとも言えない。そのような微妙な状態が、「景気の踊り場」なのです。

一般的に、景気拡大期間が長くなると、その過程で何度か「踊り場」が発生します。そして、この「踊り場」の局面では、株価も一時的に下落する傾向にあります。簡単に言えば、「プチ景気後退＝プチ株価下落」

が起こるのです。たとえば、２０１５年春から２０１６年春にかけて、そして、２０２１年夏から２０２２年末にかけての期間は、この「景気の踊り場」に該当します。

景気動向指数で「踊り場」を察知する

株式投資を行ううえで、この「踊り場」の発生を、事前に察知することは非常に重要です。なぜなら、「踊り場」が1年以上続くと、株式投資のパフォーマンスが悪化する可能性が高いからです。その後「踊り場」を抜ければ、株価は再び上昇局面に回帰します。

では、どうすれば「踊り場」の発生を予測することができるのでしょうか？　その答えは、経済指標を読むことです。専門家の視点で見れば重要なものは数多く存在しますが、ここではあえて、とても重要な指標を一つだけご紹介しましょう。それは、内閣府が発表している、「景気動向指数」の「先行CI指数」です。この推移を観察すると、日経平均株価と比較的高い相関関係にあることが分かります。つまり、「先行CI指数」のトレンドを、的確にとらえることができれば、景気の「踊り場」や、景気後退期が近づいていることをある程度予測できます。

過去のデータを見ると、2015年から2016年、そして、2021年から2022年にかけての、2つの期間が「景気の踊り場」だったことが確認できます。

景気判断の難しさと「体感温度」の重要性

ところで、「景気後退期」という局面は、誰がどのようにして判断しているのでしょうか？　その最終決定を下すのは、内閣府（政府）です。政府は毎月、総理大臣も出席する「月例経済報告」という会議でその時々の経済情勢について詳細な分析と議論が行っています。さらに、よ

図6　景気動向指数（先行指数 CI）の時系列推移

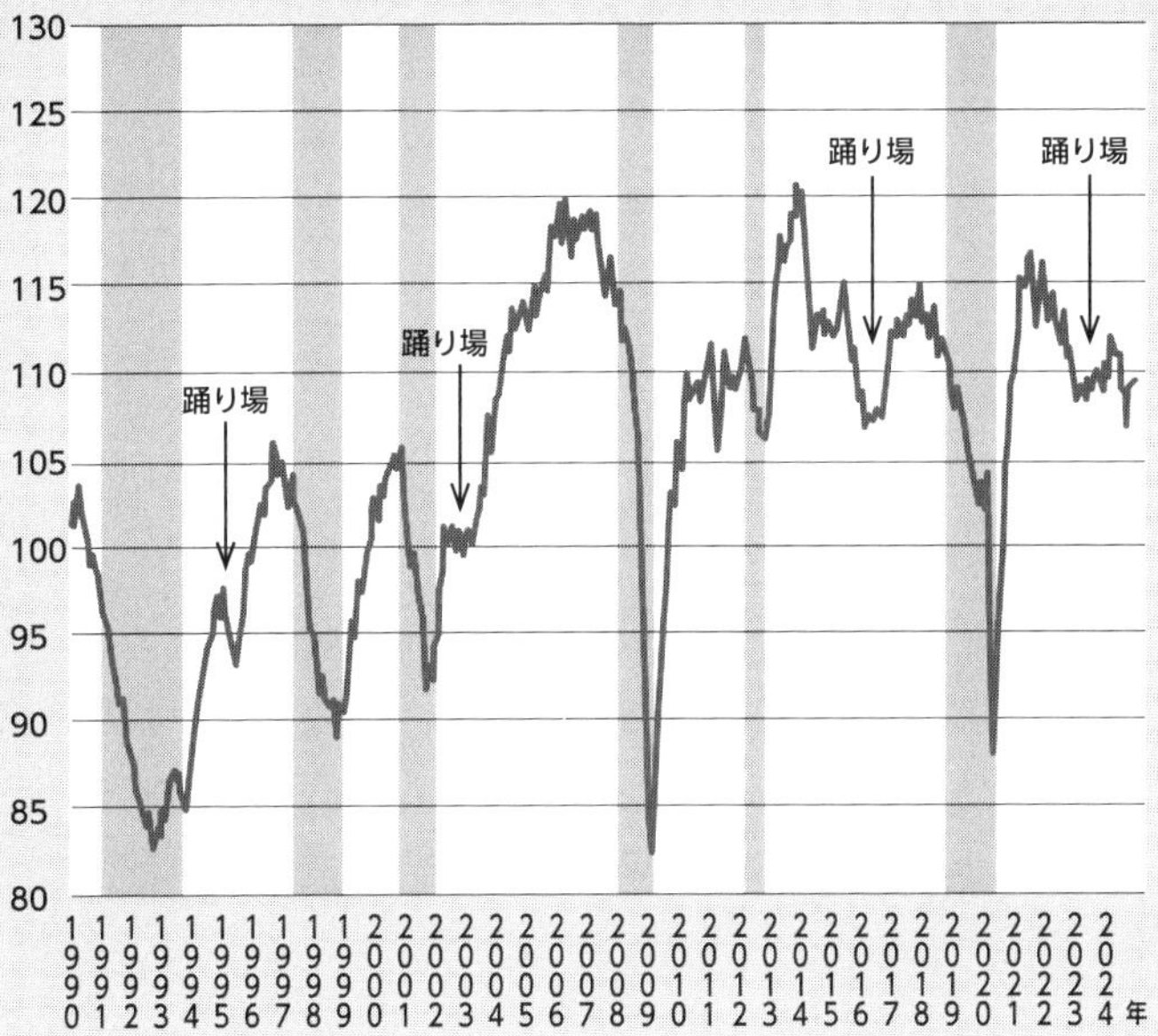

出所：内閣府「景気動向指数」

り厳密な景気拡大期と景気後退期の認定は、「景気動向指数研究会」という専門家による検討の場で決定されます。しかしここで問題となるのが、この景気局面の判断が実際の景気動向から数年遅れて公表されることが多いという点です。つまり、私たちがその情報を知る頃には、すでに景気の局面が変わってしまっていることも珍しくないのです。これでは、実務上「景気後退期の認定」はあまり役に立ちません。そのため、政府の公式見解を待つよりも、随時発表される毎月の「月例経済報告」の中での政府の景気認識や景気動向指数（先行CI）に注目し、その軌道修正を丹念に追うほうが有益だと考えています。

結局のところ、私たち一人ひとりが政府の公式見解を鵜呑みにするのではなく、自分自身でさまざまな経済指標を分析し、「すでに景気後退期に突入しているのではないか」などと主体的に判断することが重要なのです。そのための判断材料は、内閣府のウェブサイトで公開されている「月例経済報告」の中に豊富に掲載されています。ここには、政府関係者が景気判断の参考にしているさまざまな統計データや分析資料が掲載されていて、ある程度の景気の良し悪しを、自分自身で判断できるのです。

私たちが、景気判断をするうえで重要なのは、統計データだけではありません。世界情勢にも、目を配る必要があります。

たとえば、2015年の「景気の踊り場」の時期には、中国で「チャイナショック」(2015年6月)と呼ばれる金融市場の大混乱が発生しました。この時、上海株式市場では株価が急落し、株式時価総額が約3分の1も失われました。さらにこの時期、中国の貿易取引も大きく落ち込みました。当初は、「チャイナショックは、中国国内の問題に過ぎない」と考えられていました。しかし、その影響は徐々に世界経済へと波及し、景気後退への懸念材料として意識されるようになったのです(このチャイナショックは、2008年のリーマンショック後に中国政府が実施した大規模な景気刺激策のひずみが表面化したものだと考えられています)。

また、2021年から2022年にかけては、新型コロナウイルスの世界的な感染拡大、いわゆる「コロナ禍」の真っ只中でした。この時期、日経平均株価は、2020年秋から急上昇していました。日本では、本格的な経済活動の再開は、2023年5月まで待たなければなりませんでした。しかし、日本に先行して、欧米諸国では、2023年初頭から、経済活動が活発化し始めました。そして、日本もそれに追随する形で景気が回復していきました。実際、日経平均株価もそうした景気回復への期待を先取りする形で2023年初頭から、上昇基調にあったのです。

2 主な経済サイクル

株価が景気サイクルと連動することを知っていれば、将来の株価の展開を予測できます。しかし、景気サイクル分析は容易ではありません。というのも、この分野には「これが定説だ」と言えるような統一見解が存在しないからです。「これを読めば、景気サイクルがすべて分かる！」といった分かりやすい教科書的な解説も、ほとんど見当たりません。そのため、景気サイクルを理解するには、自分自身でさまざまな情報を取捨選択し、独自の解釈を加えていく必要があります。

学問の世界では、あたかもすべての専門家が同じ意見を持っているかのように語られることがありますが、現実はそう単純ではありません。専門家の間でも意見の相違や立場の違いは当然存在します。特に経済学の分野ではその傾向が顕著です。有名なジョークに「経済学者が10人いれば、11の説が生まれる」というものがあります。10人の経済学者がそれぞれ異なる意見を主張し、さらにどれでもないという意見も出てくるため、合計で11の説が生まれるという皮肉を込めた表現です。つまり、一見専門家の意見が一致しているように見えても、実際には多様な考え方が存在することを示唆しているのです。

そうした背景から、経済分析を行う際は、自分の分析目的に合った分析手法を選び、独自の枠組みを構築することが不可欠になります。

株価は景気を映す鏡

では、具体的に景気循環と株価の関係について考察してみましょう。ここでは景気循環の話に入る前に、「株価は本当に波のように変動しているのか？」という根本的な疑問を考えてみたいと思います。たとえば日経平均株価の長期チャートを見ると、2012年頃を底として2025年まで全体としては上昇傾向にあります。つまり、長期的に見れば株価は一時的な上下動を繰り返しながらも、結局は上昇トレンドを描いているのです。これは株価が「トレンド」と「サイクル(波)」の2つの要素で構成されていることを示しています。そのため、株価の変動は単純な波ではなく、もっと複雑な動きをしているのです。

日経平均株価が225種類の銘柄によって構成されていることを考えると、この点は理解しやすいでしょう。個々の銘柄の値動きが合成された結果として、日経平均株価という指標が形成されているからです。

次に、計量分析の手法を用いると、「トレンド」と「サイクル」の関係に分解できます。2012年の底値から2024年までの株価上昇のトレンド成分を抽出し、このトレンド成分を実際の株価データから差し引くことで、景気循環に起因するサイクル成分をより明確に浮かび上がらせることができます。

では、このサイクル成分は一体何を反映しているのでしょうか。私は、一定期間ごとに株価を押し上げたり押し下げたりする要因、すなわち景気変動を反映していると考えています。

なぜなら、株式とは本来「定期的に配当を受け取るための権利書」だからです。企業の配当金額は景気の良し悪しによって大きく変わります。これは企業収益が景気動向によって変動するのと同じです。景気が良くなれば企業収益が増加し、配当金額も増える可能性が高まります。逆に景気が悪化すれば企業収益が減少し、配当金額も減る可能性が高まります。こうした仕組みによって、景気変動が企業の収益と配当金額に影響を与え、結果として株価の上下動を生み出すのです。

4つの経済サイクル

景気循環をより深く理解するために、代表的な4つの経済サイクルを解説します。

在庫循環（キチン・サイクル）

企業が保有する在庫の変動によって発生する短期的な景気循環です。在庫が積み上がれば生産を抑制し、不足すれば生産を拡大します。この在庫調整のプロセスが、景気の波を大きくします。

設備投資循環（ジュグラー・サイクル）

設備投資の行動によって発生する、中期的（約10年）な景気循環です。企業は将来の需要拡大を見込んで設備投資を行います。目先の需要は自己実現的に増えますが、しばらくして過剰な設備投資は供給過剰を招き、景気後退の要因となります。

建設投資循環（クズネッツ・サイクル）

住宅やビルの建設投資の変動によって発生する長期（約20年）の景気循環です。

技術革新の波（コンドラチェフ・サイクル、またはシュンペーターの波）

技術革新が経済全体に大きな影響を与え、超長期の景気循環を引き起こします。

これらの経済サイクルの説明は、教科書的なものです。正直なところ、鵜呑みにするのは実体とは少し食い違うと私は考えています。現代は「イノベーションの時代」であり、特にＩＴ分野を中心とした技術革新が経済に大きな影響を与えているからです。

たとえば、従来は在庫循環が景気に大きく影響すると考えられていましたが、情報技術の発達により企業は需要予測をより細かく行って、在庫管理の効率も高まっています。在庫をほぼ持たない企業もあります。その結果、在庫循環が景気に与える影響は以前より小さくなっていると考えられます。

一方、技術革新の波は近年ますます存在感を増しています。たとえば毎年発売されるｉＰｈｏｎｅの新機種は、単に新製品の投入というだけでなく、関連する部品産業やソフトウェア産業など幅広い分野に経済効果をもたらします。さらに技術の進歩は、人々のライフスタイルを変化させ、新たな需要を生み出します。

スマートフォンの普及はその典型例ですが、技術革新の影響はスマートフォンに限りません。コロナ禍をきっかけにリモートワークが急速に普及し、オンライン会議ツールが働き方に大きな変化をもたらしました。また、生成ＡＩであるＣｈａｔＧＰＴは登場して間もないながら、さまざまな分野で活用が始まっており、今後社会に大きな影響を与えると予想されています。これらは２０２０年から２０２２年にかけて普及した比較的新しい技術革新です。さらに遡れば、２００７年に登場したｉＰｈｏｎｅは現代社会に大きな影響を与えた革新的な製品でした。１９９５年に登場したＷｉｎｄｏｗｓ95はパソコンをビジネスの現場に普及させ、業務の効率化に大きく貢献しました。

こうした流れから、従来は50年周期と考えられていた技術革新の波が、近年では10年から15年という短い周期で発生しているとみられます。さらにデジタル革命の進展によって、この技術革新のスピードはますます加速していくでしょう。

つまり現代では、複数の技術革新が同時多発的に起こり、それらが複雑に絡み合いながら経済や社会に大きな影響を与えています。そして、この技術革新の波は従来の経済サイクルの枠組みを超え、新たな景気循環のパターンを生み出しつつあります。特に半導体関連の技術革新は現代の景気循環を理解するうえで非常に重要な要素となっており、その影響力は今後ますます大きくなるでしょう。

未来予測に役立つ3つの指標

話を景気予測に戻しましょう。私は、未来予測に役立つツールとは、実務的にも活用できるものでなければならないと考えています。

では、具体的にどのようなツールが役立つのでしょうか。ここではマーケット関係者も注目している、特に重要と考える3つの指標をご紹介します。

(1) 米国の長短金利差（長短金利スプレッド）

米国の長期金利（10年）と短期金利（2年）の差は、米国経済の「体温計」とも呼ばれ、景気の先行指標として注目されています。この金利差がマイナス、つまり短期金利が長期金利を上回る「逆イールド」の状態になると、「景気後退の予兆」と解釈されます。投資家が将来の景気悪化を予想し、短期債よりも長期債への投資を選好していることを示唆しているからです。

(2) 銅の先物価格

銅はさまざまな産業で使用される基礎的な素材で、特に半導体の製造には大量の銅が必要とされます。そのため銅の先物価格は、半導体需要の動向を反映する指標として注目されています。半導体需要が高まると銅価格も上昇する傾向にあり、近年では電気自動車（EV）の普及によっても銅の需要が増加傾向にあります。こうした背景から銅の先物価格はEV市場の成長を予測するうえでも重要な指標と見なされ、「ドクター・カッパー」と呼ばれることもあります。

(3) バルチック海運指数

世界の主要航路におけるばら積み船の運賃を総合的に表した指数です。貿易取引は世界経済の健康度を示す指標であり、その活発さは海運市況に反映されます。世界経済が拡大し貿易取引が活発化すれば海運市況も盛り上がり、バルチック海運指数（BDI）は上昇します。逆に世界経済が停滞すると海運市況も低迷し、バルチック海運指数は低下します。なお、最近この指数は少し説明力が落ちている印象があります。

これら3つの指標はいずれも、市場で取引されている金融商品の価格（マーケット・プライス）です。そのため、市場参加者の心理や思惑が反映されやすく、時には実体経済の動きと乖離することもあります。市場の機微な変化をいち早くとらえる感度の高い指標だから、攪乱が起こりやすい面もあります。それでも、これらの指標を注意深く観察することは実用性があると思います。

私たちは、これらの指標だけを見て景気の先行きを判断するのは危険だとあらかじめ心得て利用するのです。これらの指標は過去の経験則に基づいており、経済構造の変化や新たな経済ショックなど、過去に経験したことのない事象が起こると有効に機能しない可能性もあります。

さらに、これらの指標を有効に活用する心得として、自分自身の立ち位置を明確にすることも重要です。たとえば長期投資家であれば、短期的な指標の変動に一喜一憂する必要はありません。むしろ長期的な視点に立つのならば、短いサイクルよりも、経済のファンダメンタルズ（基礎的条件）を重視すべきです。

このように、自分の投資スタイルや時間軸に合わせて指標を選択し、活用することが大切です。そのためには常に投資目的やリスク許容度を明確にし、それらを踏まえて投資判断を行うことが求められます。未来予測とは単に将来を言い当てることではなく、自分自身の投資目的やリスク許容度に合わせた適切な投資戦略を立て、実行するためのプロセスだということが大前提なのです。

図 7　米長短金利差の推移

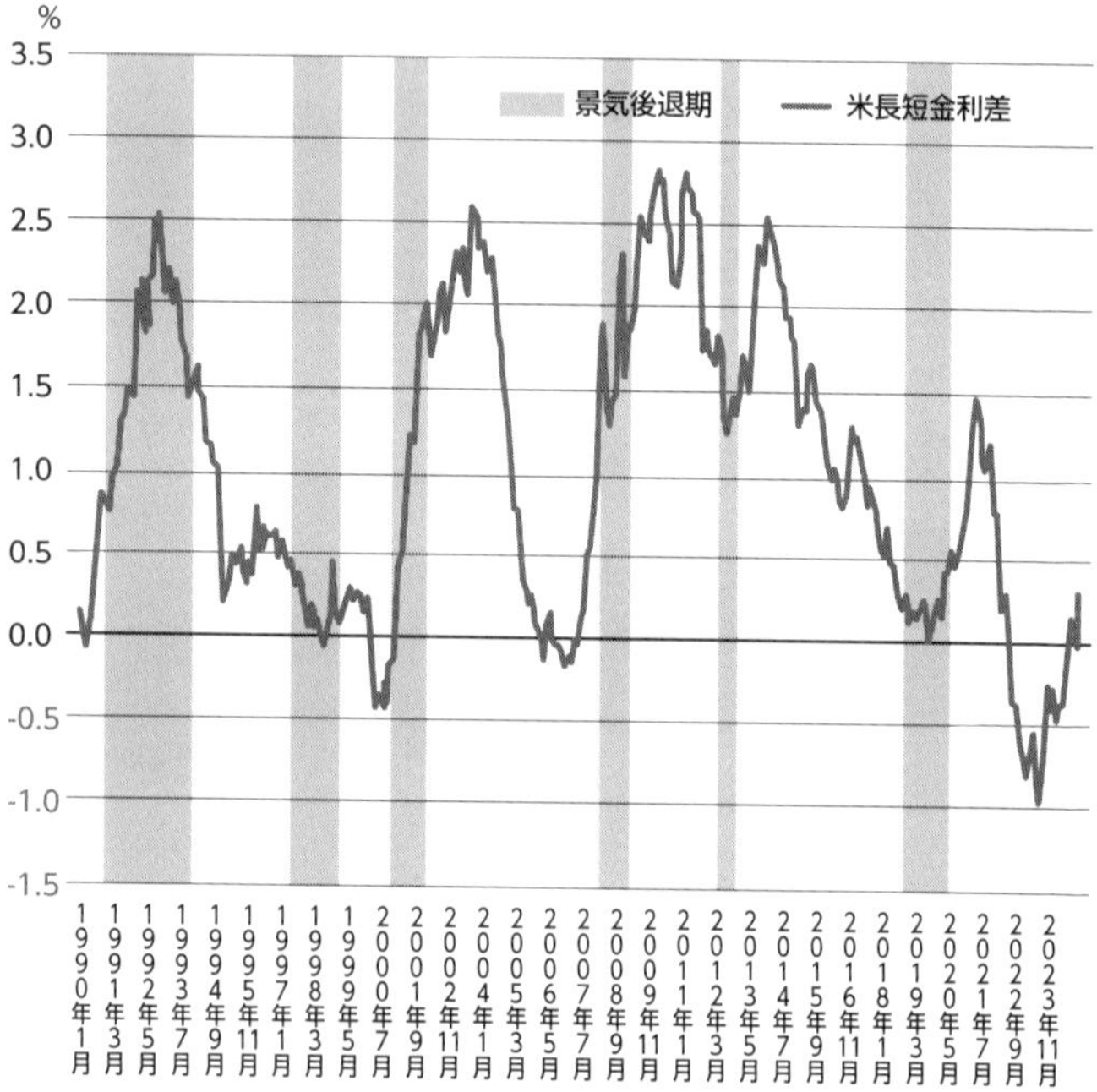

出所：Investing.com

図８　銅価格先物の推移

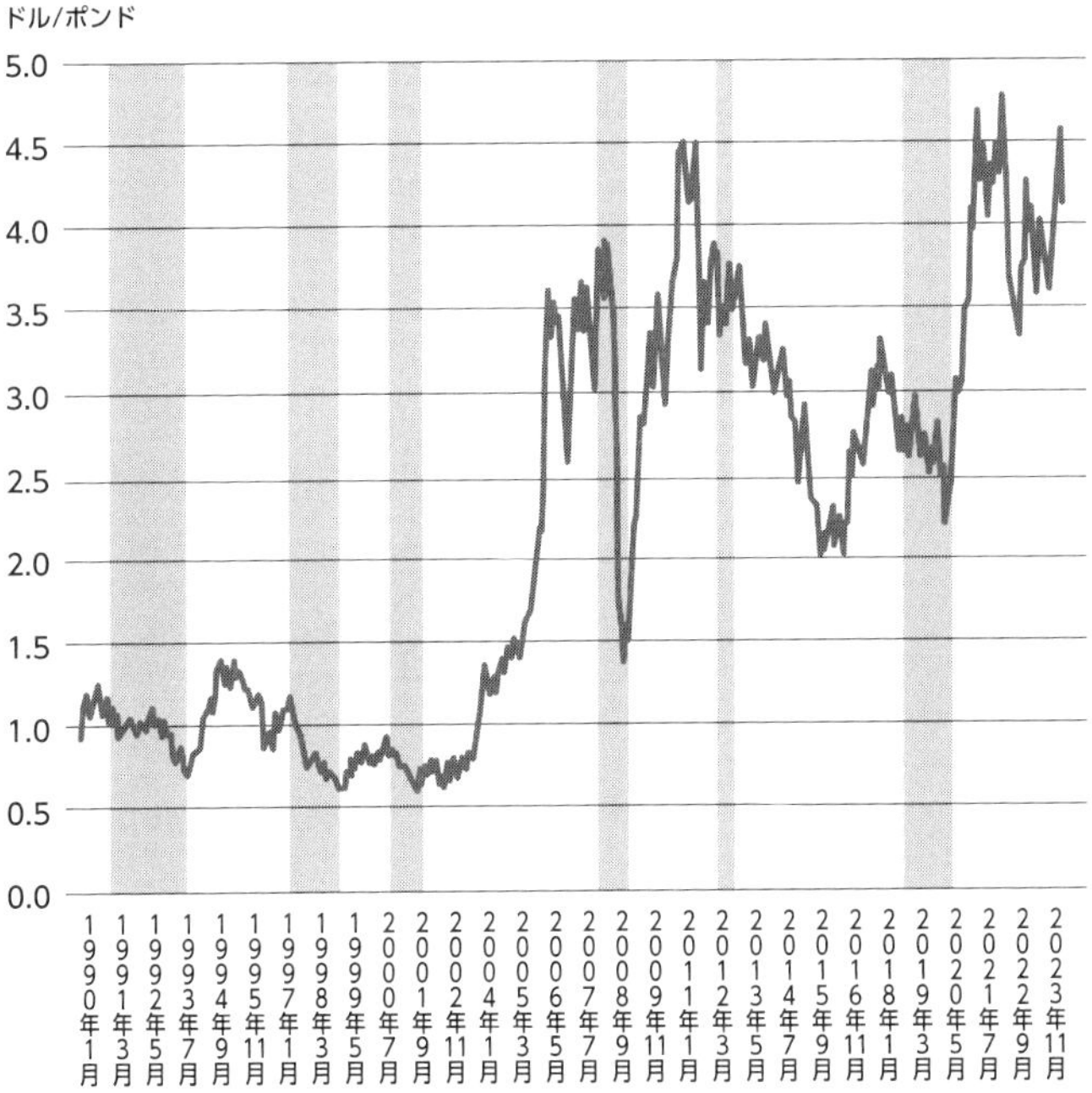

出所：Investing.com

《コラム3》景気情勢を把握するための4つの指標

ここでは、普段は経済を専門的にみない方でも、手軽に景気情勢を把握できる「分かりやすい経済指標」を4つご紹介します。これらの指標をチェックするだけで、景気循環の現状をおおまかにとらえられます。

(1) 日銀短観：日本企業の景況感を示す総合指標

最初にご紹介するのは、日本銀行が四半期ごとに実施している「日銀短観（全国企業短期経済観測調査）」です。全国の約1万社を対象に、景況感や設備投資計画などを幅広く調査しており、企業の実感を統合した総合的な景気判断材料として高い評価を得ています。

製造業や非製造業、さらに大企業や中小企業など幅広い業種・規模を対象としているため、各種の景況感を一度に把握できるのが強みです。

加えて先行きの見通しも調査しているので、将来の景気動向を予測するうえでも役立ちます。「最近の景気はどうなっているのか？」と疑問に思ったら、まずは日銀短観の調査結果をチェックしてみましょう。

ただし、日銀短観は四半期ごとの調査であるため、頻度で月次調査に負けるという弱点があります。よりタイムリーな景況感を把握したい場合は、ロイター社の「ロイター短観」やＱＵＩＣＫ社の「ＱＵＩＣＫ短観」といった月次調査を参考にすると良いでしょう。

（2）景気動向指数：景気の方向性を示す先行指標

次に挙げたいのは、前述した内閣府が毎月公表している「景気動向指数」です。生産や雇用など、さまざまな経済活動に関する指標を統合して作成されており、景気の現状把握や将来予測に用いられます。

この景気動向指数は「先行指数」「一致指数」「遅行指数」の３つから成り立っています。先行指数は景気の山や谷に数か月ほど先行して動くとされるため、将来の景気動向を占ううえで非常に有益です。もともとは政府が景気判断を行うために作成された背景があるため、景気の方向性を示す指標として高い信頼性を持っています。

(3) アニマルスピリッツ指数

経済産業省が開発した加工統計です。鉱工業生産の生産予測指数の回答企業には、翌月の予測計画が、①前月から上方修正される企業と、②前月から下方修正される企業の両方が分かります。この①の企業割合と②の企業割合を差し引いて、DI（差分のパーセンテージ）を求めることができます。アニマルスピリッツ指数は、そのDIに移動平均の処理をしてトレンドを示したものです。このデータは、生産活動が上向きになるトレンドに転じれば、生産計画の強気化と受け取れます。

過去の経験から、DIが▲5%のラインを超えると、景気拡大期になります。その意味で、景気に敏感な先行指標と言えます。

図9　アニマルスピリッツ指数

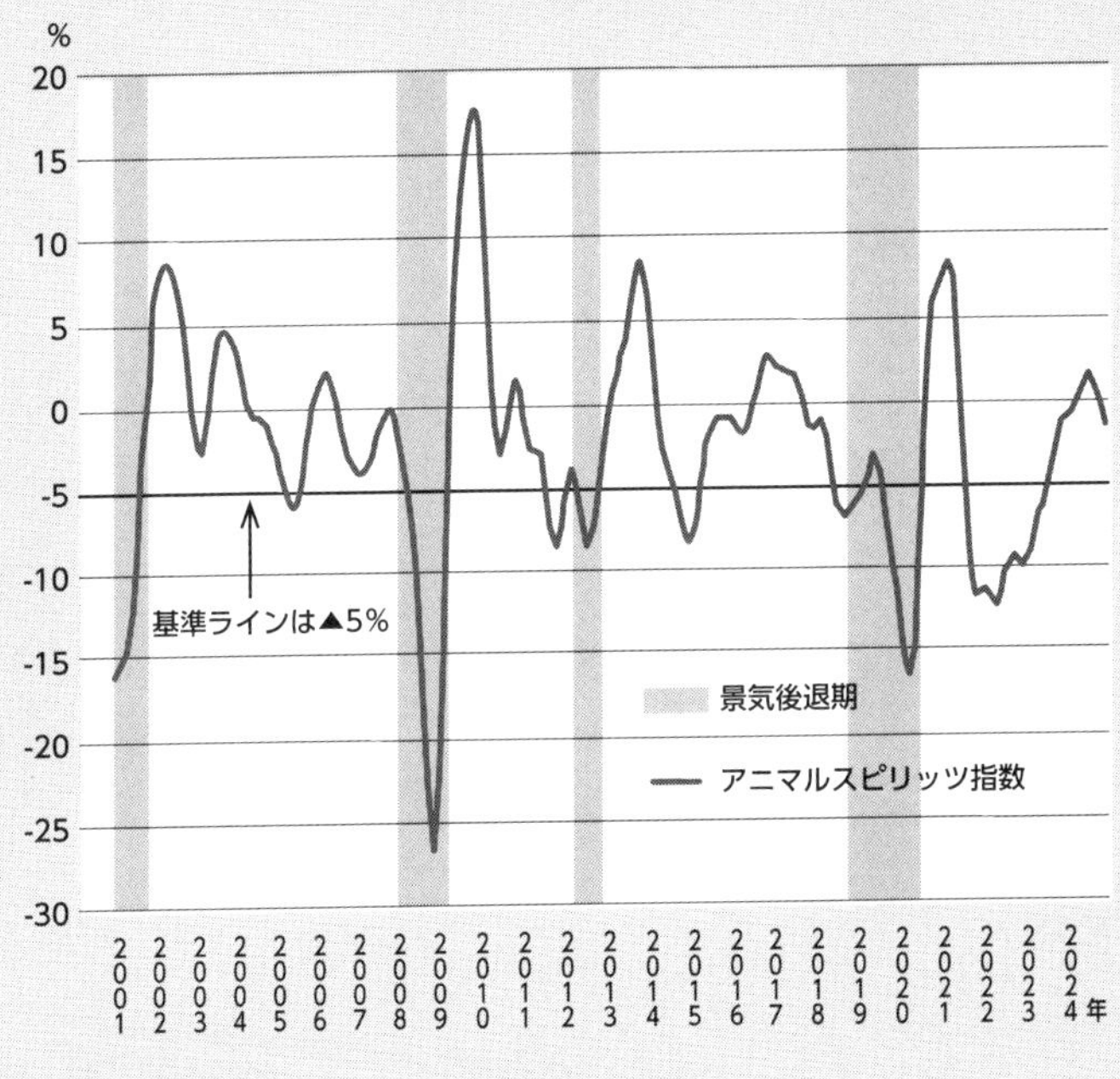

出所：経済産業省

（4）WSTS半導体市場統計：世界経済の先行指標

最後にご紹介するのが、WSTS（世界半導体市場統計）が毎月公表している「半導体市場統計」です。これは世界中の半導体メーカーの売上高などを集計したもので、現在、先行きの半導体需要を知るうえで欠かせないデータとなっています。

半導体はパソコンやスマートフォン、自動車など幅広い製品に使われる基幹部品であり、その需要動向は世界経済を占う重要なカギを握ります。特に注目すべきは、世界半導体売上高の月次の前年比です。米国のハイテク株を代表するナスダック総合指数と連動しやすいことが知られており、半導体市場の好調はナスダックの上昇、ひいては日経平均株価の上昇にもつながりやすいのです。

さらにWSTSは、国・地域別の詳細データや今後の需要予測も公表しています。これらを分析すれば、どの国や地域の半導体市場が好調なのか、あるいは不調なのかを把握できますし、将来の市場動向を探る手

図 10　世界半導体売上の伸び率

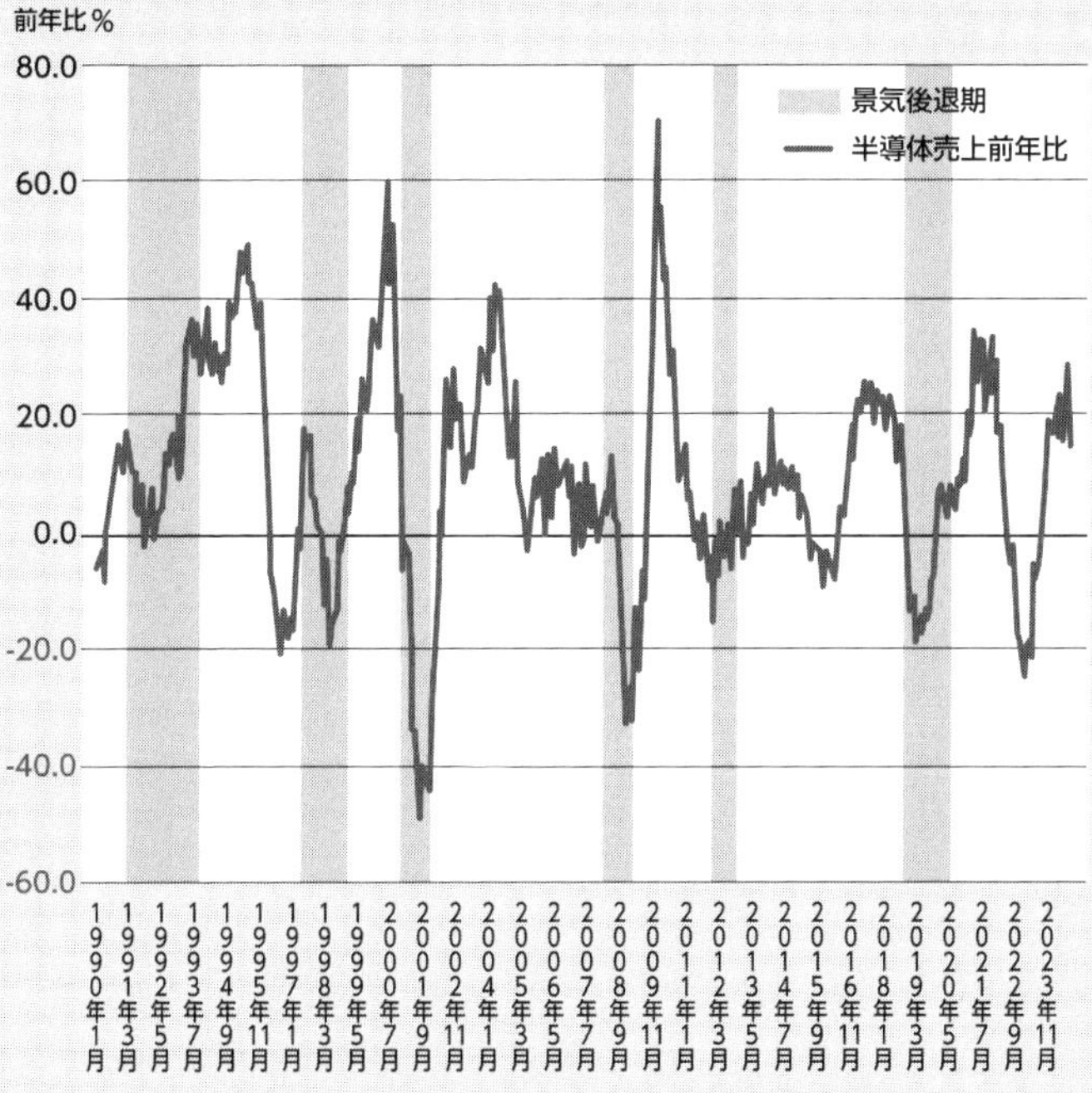

出所：WSTS

がかりにもなるでしょう。

半導体市場を支配する「ムーアの法則」

なぜ半導体市場の動向がこれほどまでに重要なのでしょうか。その理由の一つは「ムーアの法則」と呼ばれる経験則の存在です。これはインテルの創業者の一人であるゴードン・ムーア氏が提唱したもので、「半導体の集積回路の集積度は、約18か月ごとに2倍になる」という内容です。

つまり、半導体の性能は約1年半ごとに倍増し続けるとされており、この革新を実現するために必要な設備投資が、景気循環にも大きく影響します。技術革新によって生まれる新たな需要は経済成長の原動力となるため、半導体市場は世界経済全体を左右する重要な要素と言えるのです。

実際には1965年に提唱されたムーアの法則をめぐって、近年は「そろそろ限界ではないか」という議論が何度も起こってきました。しかし現時点でもなお、半導体市場の動向を理解するうえでの重要な指針であることに変わりはありません。

最近ではスマートフォンやパソコンだけでなく、自動車や産業機器、医療機器など多岐にわたる分野で半導体の需要が拡大しています。今後も高性能な半導体が登場するたびに設備投資が活発化し、社会や経済に大きなインパクトを与えるでしょう。まさに半導体こそが、現代の世界経済をリードする原動力の一つなのです。

3 危機サイクルと心理バイアス

「株価が下がったときこそ絶好の投資チャンス」。そう言うと「当たり前じゃないか」と思われるかもしれません。景気が後退し、そろそろ底を打つという段階では、株価も大底を迎えることが多く、まさにこのタイミングこそが大きな利益を得る最大のチャンスと言えます。

しかし残念ながら、この「暴落時こそ買い」という投資の基本原則を実践するのは、思ったほど簡単ではありません。なぜなら人間は本能的に、恐怖や不安を感じるとブレーキがかかってしまうからです。理性では「今が買い時だ」と分かっていても、本能が「もっと下がるかもしれない」とストップをかけるのです。特に株価が下落している局面では、「このまま下がり続けるのではないか」という不安が大衆心理を支配します。メディアも「株価はどこまで下がるのか」といった悲観的な報道を繰り返し、専門家と呼ばれる人々が率先して「年末には○○円まで下がる」などと予測するため、私たちは絶好のチャンスを逃してしまいがちです。しかも、この過剰な恐怖心は、実際に株式投資をしている人よりも、投資経験のない人のほうが強く抱く傾向にあります。

このようなときこそ、他人の意見に耳を傾けすぎないことが肝心です。周囲の悲観論に振り回されていると、迷いが生じ、疑心暗鬼に陥ってしまうからです。

取引を行ううえで常に意識すべきは、自分が恐怖を感じているときには、ほかの多くの投資家も同じように恐怖を感じている可能性が高いということです。逆に「これは絶好のチャンスだ！」と感じているときには、大勢の投資家も同じチャンスを感じているかもしれません。そのため、人より先に逆の行動を取ろうとしても、すでに誰かが実行済みであることが多く、思ったように先回りするのは容易ではありません。これがマーケットの現実であり、投資の難しさでもあるのです。

心理バイアスに打ち勝つ「精神力」

では、こうした心理的な罠にはまらずに冷静な投資判断を下すにはどうすれば良いのでしょうか。必要なのは、私たち投資家が本能や周囲の意見に流されず、逆行する行動を取るだけの強い意志です。言い換えれば、一時的な感情の揺れに惑わされない「精神力」を養うことが欠かせません。

たとえば、自分が信じる投資シナリオをしっかり立て、絶対的な自信を持っていれば、一度決めた投資方針を簡単に変えずに済むでしょう。市場が一時的に変動しても、むやみに流されず、冷静に状況を見極めるだけの胆力――あるいはある種の頑固さ――が投資家には必要なのです。

また、私たちだけでなく、他人も感情に流されやすい存在であることを理解することも大切です。ほかの人から聞いた話やメディアの情報をそのまま信じてしまうと、冷静な判断を失いがちです。「クールヘッド・ウォームハート」という言葉があるように、客観的な分析と人間味を両立させる姿勢を身につけましょう。

歴史に学ぶ教訓

歴史的な事例を振り返ってみると、2008年のリーマンショックでは世界経済が大不況に陥りました。その後、政治家は「リーマンショック級の危機がまた起こるかもしれない」という警告を頻繁に発するようになりました。

そして2020年、新型コロナウイルスの世界的な感染拡大（パンデミック）が発生しました。このとき多くの人が「100年に一度の大不況が来るかもしれない」と言いましたが、実際にはそうなりませんでした。パンデミックが深刻な打撃を与えたのは事実ですが、経済危機というよりは別の性質を持っていたからです。

ここから学べる教訓は、過去のトラウマが将来への過度な悲観論を生みやすいということです。一度大きな危機を経験すると「また同じような危機が起こるのではないか」と考えてしまい、冷静な判断に支障をきたすのです。私はこれを「危機バイアス」と呼んでいます。

危機バイアスは私たちに過剰な恐怖心を与え、現実をゆがめて見せる原因になります。景気が悪化してくると、私たちは必要以上に悲観的になり、将来への希望を見失いがちです。しかし、そうした状況に陥ったときこそ冷静さを取り戻し、客観的に投資行動を見直す必要があります。

心理バイアス克服のためのヒント

では、危機バイアスをはじめとするさまざまな心理バイアスに惑わされないためには、具体的に何ができるのでしょうか。

(1)「話は半分に聞く」姿勢を持つ

他人やメディアの情報はそのまま鵜呑みにせず、常に懐疑的な視点を保つことが大切です。たとえば「１００年に一度の危機」という言葉を真に受けるのではなく、「実際には10年に一度程度の危機かもしれない」と考えてみると良いと思います。極端な情報は立ち止まって疑ってみる姿勢が重要です。

(2) 変化にはプラス面とマイナス面があることを理解する

たとえば円高は輸出企業にとってはマイナス要因ですが、輸入物価が下落して、消費者に購買力を向上させるなどプラス要因もあります。しかしメディアはどうしてもマイナス面を強調しがちです。偏った情報に惑わされないためにも、多角的な視点を持つ習慣が必要です。

これは株価下落の局面でも同様です。株価が急落すると多くの投資家がパニックに陥りますが、そのときこそ優良企業の株を安く買える絶好の好機でもあるわけです。「ピンチはチャンス」という言葉を胸に、悲観的な報道に流されず、客観的な視点を保ち続けることが大切です。

特に職業として資産運用を担当する立場の場合、組織の意思決定が慎重になり、チャンスを逃してしまうことがあります。「絶好のチャンス」という言葉さえ使いにくい雰囲気があるのも事実です。それでも周りに流されず、自分自身の判断基準を持つことが求められます。

投資における「心の鍛錬」の必要性

では、どうすれば難しい局面でも冷静な投資判断を下せるのでしょうか。それには投資に関する知識やスキルだけでなく、自分自身の心を鍛えることが不可欠です。

たとえば分散投資はリスクを軽減する有効な手段ですが、実践するためにはまず自分のリスク許容度を正確に把握する必要があります。多くの個人投資家は自分のリスク許容度を明確に知らず、結果としてリスクを取りすぎたり、逆にリスクを恐れすぎて投資の好機を逃してしまうケースが少なくありません。

こうした事態を防ぐには、自分の投資目的・投資期間・リスク許容度をしっかり把握し、総合的に判断して資産配分を考えることが重要です。また、目先の損益だけでなく、長期的な視点をもって投資を行うことも大切です。短期的な値動きに一喜一憂していると、大局を見失ってしまいます。

そして感情のコントロールも欠かせません。株価や為替が急落すると恐怖心に駆られ、冷静さを失いがちです。その結果、投げ売りで大きな損失を被る投資家も多いのが実情です。こうしたパニックを回避するには、自分の感情を客観的に観察し、軽率に動くことを制御する能力を磨かなければなりません。

真に成功する投資家への道

投資の世界で成功するためには、知識やテクニックを身につけるだけでは不十分です。むしろ重要なのは、自分自身の内面を見つめ、弱さを克服することです。

成熟した投資家とは、市場を冷静に分析するだけでなく、自分の感情をしっかりコントロールできる人のことを言います。

その第一歩は、自分自身を客観的に見つめ直すことです。自分にはどんな強み・弱みがあるのか、どんな投資スタイルが向いているのか、といった問いに真摯に向き合い、自分を深く理解することが大切です。

次に、自分の弱点を克服する努力を継続します。感情に流されやすいなら感情を客観視する訓練を行い、自信過剰になりやすいならば、常に自分の判断を疑う謙虚さを身につける――そうした日々の積み重ねが欠かせません。

そして投資経験を積むことで、市場の動きや自分の投資哲学への理解が深まります。失敗から学ぶことも多いものです。失敗を恐れず積極的に挑戦し、その経験を次のステップに活かす姿勢が重要です。

最後に、何よりも自分の判断を信じることが肝心です。他人の意見に振り回され、自分の信念を持てない人は好機を逃しがちです。自分で決断し、たとえ失敗してもそこで学び、次に活かそうという姿勢こそが、成熟した投資家への道です。

4 計量分析のテクニック

資産運用において「精神力」が重要であることはすでに述べてきましたが、ここでは視野をさらに広げ、資産運用に求められる能力を体系的にとらえてみましょう。私は、資産運用で成功するためには「心・技・体」の3つの要素がバランスよく備わっていることが不可欠だと考えています。

心：精神力。投資における困難や誘惑に打ち勝つ強さ。
技：テクニック。投資に関する専門的な知識やスキル。
体：体力。投資判断の基礎となる情報収集能力。

ここでは特に「技」、つまり投資のテクニカルな側面、とりわけ計量分析の基本的な考え方を解説します。専門的な内容を含むため、「こんな分析手法があるのか」という気軽な気持ちで読み進めていただければ幸いです。

データサイエンスと計量分析

近年「データサイエンス」という言葉が流行し、大学の学部名などでも目にする機会が増えました。しかし、その定義は人によってさまざまで、まだ発展途上の学問分野と言えます。

私の実務家としての視点では、データサイエンスの中でも特に有用なのが「計量分析」です。統計学を教科書通りに学びすぎると理論の難解さに圧倒され、実践的スキルを身につける前に挫折してしまう恐れがあります。それを回避するためには、計量分析の中でも基本的なツールである「回帰分析」に絞って勉強します。回帰分析とは、複数のデータ間の関係性を把握し、将来予測などに役立てる統計学的な手法です。たとえば経済予測では、過去の経済データを用いて回帰分析を行い、将来の経済成長率を推定します。この回帰分析の基礎となるのが「最小二乗法」です。代表的な手法を挙げれば、データの関係性を最もよく表す直線を求める方法です。これを使って将来の値をだいたい予測できます。

最小二乗法の活用イメージを、ダイエットの例で説明しましょう。あなたが体重を落とすためにランニングを始め、日々の体重と走行距離を記録するとします。ここではランニングによる消費カロリーが脂肪燃焼を促し、減量につながるという関係を想定します。

ある程度データがたまったら、回帰分析を行い「体重＝76キログラム−7200キロカロリー×ランニング距離」のような数式（回帰式）を得られるかもしれません。これは、ランニング距離が増えるほど体重が減るという関係を表しています。

1キログラムの体脂肪を減らすには約7200キロカロリーの消費が必要です。体重76キログラムの人が、目標体重を70キログラムに設定すれば、6キログラム分の脂肪を燃やすには合計4万3200キロカロリーの消費が必要になります。このカロリーをランニング距離に換算したり、1日何キロメートル走れば4か月後に目標体重に到達できるかを計算したりと、回帰分析によって「未来を予測」し、具体的な目標を立てられます。なお、筆者のデータでは、毎日5キロメートルのランニングが4か月間ほど必要という計算になりました。

こうした「数値目標の見える化」はダイエットを続けるモチベーションを高める強力なガイダンスになります。辛いトレーニングを乗り越える際の精神的支柱にもなるでしょう。

回帰分析の仕組み

改めて最小二乗法について説明すると、何らかの結果（目的変数）を、影響を与える要因（説明変数）から最もよく説明できる数式（回帰式）を求める手法です。回帰式を使えば、過去のデータの関係性から将来の結果をだいたい予測できるので、ダイエットの体重減少の例のほか、経済指標や企業の収益分析などにも活用できます。

回帰分析を行う際は、どの変数を目的変数とし、どの変数を説明変数とするかを決める必要があります。たとえば企業の経常利益を予測したいなら、売上高を説明変数として設定し、「経常利益 ＝ α ×売上高＋ β 」という回帰式を得ることが可能です。すると売上高が変化したときに経常利益がどう動くかを予測できます。

最小二乗法による回帰分析は、エクセルの「データ分析」ツールを使えば比較的簡単に実行できるのです。かつては大型コンピューターを使うような複雑な計算も、今ではパソコンとエクセルで数秒で処理できます。

隠れた変数を見つけ出す

計量分析の面白さは、数式を当てはめるだけでなく、データの背後にある本質的な要因を探り当てるところにもあります。たとえば事前に想定していなかった変数が、実は目的変数に大きく影響している場合などです。

「隠れた変数」を発見するには、目的変数と関連しそうな変数をできるだけ多く洗い出し、相関関係を調べるのが一つの方法です。エクセルの分析ツールを使って相関行列を作成すると、どの変数とどの変数が強い相関を持っているかが一目瞭然になります。

相関係数が-1に近いほど負の相関、+1に近いほど正の相関が強いことを意味し、0に近い場合は関連性が弱いことを示します。予想外の変数が高い相関を示すこともあり、そこに新しい発見が隠れているかもしれません。

もちろん、相関が見られても因果関係があるとは限りませんが、単なる偶然でしかない可能性も考えられます。データ分析は、数字を並べるだけでなく、その結果をどう解釈し、洞察を得るかが非常に重要です。ここでは常に好奇心をもち、データと真摯に向き合う姿勢がカギになります。

《コラム4》トレンド線を引く

未来予測の手法として、ここでは最小二乗法を用いたトレンドラインの活用法をご紹介します。これはおそらく、最も基本的な未来予測法と言えるでしょう。最も簡単な方法としては「過去のデータを基に、未来へ向けてトレンドラインを延長する」というものがありますが、最小二乗法を使うことで、より厳密にトレンドラインを描くことができるのです。

まず、過去のトレンドが将来も継続すると仮定し、たとえば過去10年分のデータからトレンドラインを計算します。そして、このトレンドラインを未来の10年へと延ばすことで、今後の見通しを得るという仕組みです。

実際にエクセルを使ってトレンドラインを引く際のポイントは「説明

変数を年数（1、2、3、4……）とすること」です。トレンドとは時間経過とともに一定ペースで変化する現象なので、時間を軸にするのが自然だからです。

たとえば1年後に指数が3で、2年後に5で、3年後に7といった増加のときは、きれいな等差数列で表されます。つまり、時間が増えるにつれて指数が一定ずつ増加する関数として扱えます。ここで未来の年数を関数の説明変数に代入すれば、将来の指数を予測できます。

コロナ後の日本経済の成長予測

より具体的な例として、コロナ禍から回復に向かった日本の実質GDPを取り上げ、トレンドラインを引いてみましょう。コロナの影響が最も深刻だった2020年4～6月期を経て、日本経済は急激な落ち込みから回復に転じました。2020年10～12月期以降は一定のペースで成長が続いています。

そこで２０２０年10～12月期を起点に２０２４年までの実績データからトレンドラインを算出し、未来の年数（たとえば11、12、13、14、15……）を説明変数に代入して実質ＧＤＰを予測します。具体的には以下のような式を用います。

「実質ＧＤＰ（Ａ）＝β×時間（Ｂ）＋α」

β：時間経過に伴う実質ＧＤＰの変化量を表す係数

α：切片（時間がゼロのときの実質ＧＤＰ）

仮にβ＝1・18兆円、α＝５４０兆円と計算された場合は、「Ａ＝1・18兆円×Ｂ＋５４０兆円」となり、実質ＧＤＰは四半期ごとに1・18兆円ずつ増加し、年間では約4・7兆円のペースで伸びると予測できます。これは年率換算で約０・８５％の成長率に相当し、日本経済が年率０・８５％で成長していくことを示唆しているわけです。

図11　実質GDPのトレンド線

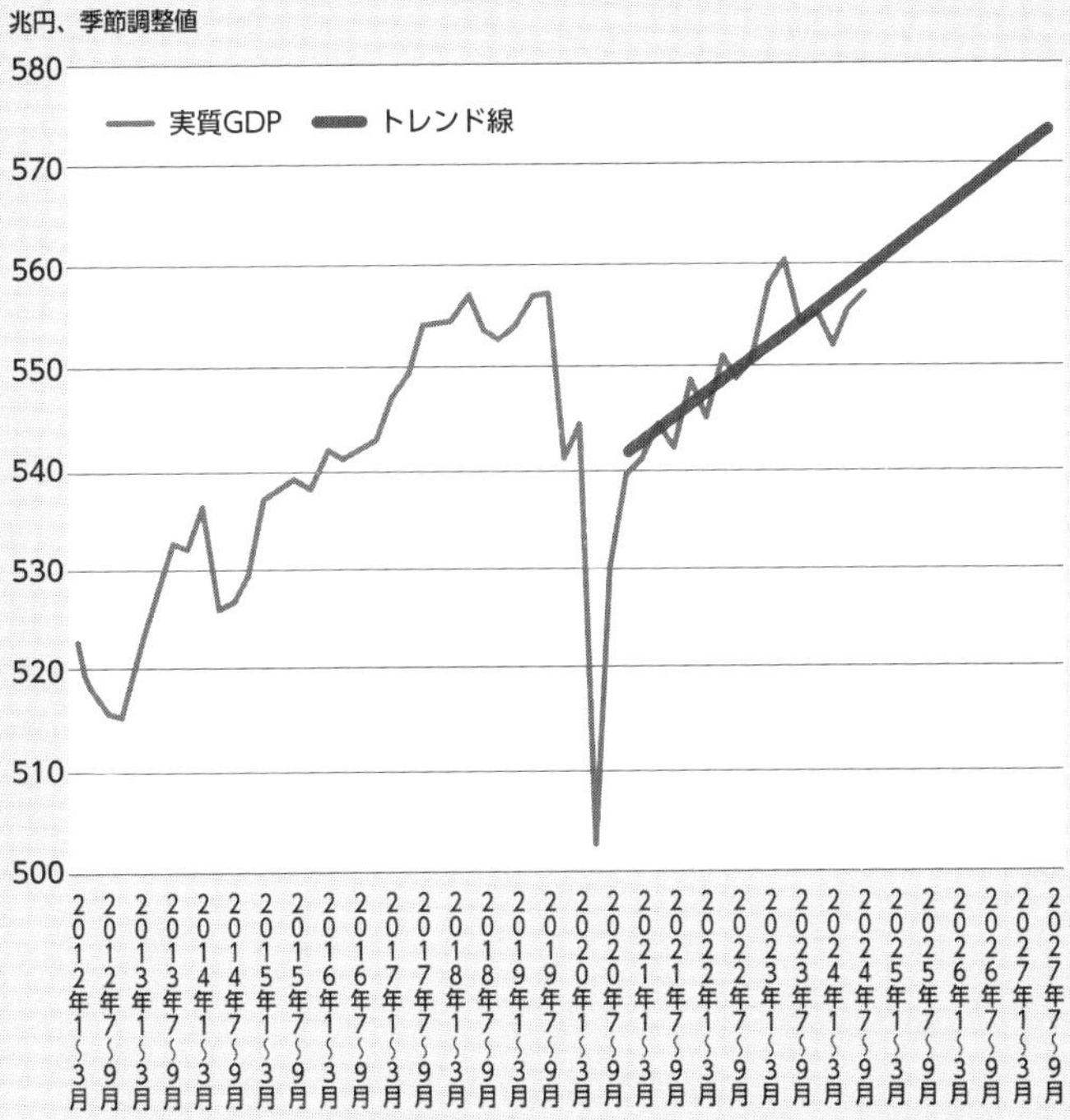

出所：内閣府

この予測によると、実質GDPが600兆円を超えるのは2033年後半という見立てになります（名目GDPではすでに600兆円超）。

予測の限界と、その先へ

将来予測を行う際は、どの変数を説明変数として選ぶかが非常に重要です。人口統計を使うのか、既存の予測値を借りるのか、あるいは独自の仮説に基づいて設定するのかなど、選択肢は多岐にわたります。

一般的に、予測値Aは「説明変数B×係数＋定数」という関係式で表されますが、具体的な結果は前提条件次第で大きく変わります。そのため最小二乗法という分析ツールを使って数値を当てはめるだけではなく、前提条件がどの程度現実を反映しているかを常に見極める姿勢が必要です。

つまり、未来予測とは単なる数式の操作ではなく、さまざまな要因を考慮し、最も妥当なシナリオを描き出す創造的な営みと言えます。その精度は予測者自身の洞察力や判断力にも大きく左右されます。

まずは最小二乗法を使って過去データから関係式を導き、とりあえず将来の数値を予測してみることが第一歩です。その過程で、未来予測の難しさと面白さを体感していただければと思います。

《コラム5》日本の経済成長率の見通し

ここでは、これまで解説してきた計量分析の手法を用いて「日本の経済成長率の見通し」を予測してみます。具体的には、世界経済の成長率を説明変数、日本のGDP成長率を目的変数とする回帰式を導き出し、将来の日本の経済成長率を見通す方法を確認します。使用するデータは、IMF（国際通貨基金）が公表する世界経済の実質GDP成長率予測です。今回はこのデータを利用し、以下の回帰式を設定します。

「日本の成長率（目的変数）＝β×世界経済の成長率（説明変数）＋α」

この式によって「世界経済が1%伸びると、日本経済は年何%伸びるのか」が把握できます。過去の2010～2019年の世界経済成長率と日本の成長率をエクセルで回帰分析した結果、次のような式が導き出されました。

［日本の成長率＝0・82×世界の成長率－1・80］

世界経済が年平均3％成長すると仮定してこの式に代入すると、［日本の成長率＝0・82×3％－1・80＝0・66％］となります。今後（2024～2029年）のIMF予測が年平均3％だとすると、日本は年平均約0・66％の成長にとどまる可能性があると予測できます。世界が3％成長する中で日本が1％にも満たない見通しにとどまる場合、国際的な比較で相対的に成長ペースが立ち遅れる恐れがあることがわかります。こうした予測結果は、私たちに「どうすれば日本経済をもっと高い成長軌道に乗せられるか」という政策課題を突きつけています。

5 値動きの理論、アルファとベータ

次にご紹介する議論はかなり複雑ですが、資産運用の世界ではこの理論を土台にしているため、あえて丁寧に説明いたします。運用の柱となる基礎理論ですので、すべてを計算できなくても知識として理解しておけば、非常にパワフルなツールになります。

先ほど解説した計量分析が未来予測のための基本ツールだとしたら、ここで扱う「値動きの理論」は、投資信託など資産運用の現場で使われる基礎理論になります。勘所の「考え方」を押さえておくだけで、投資判断の武器になるでしょう。

理論的に考えることの意義

まずは、物事を理論的に考える大切さを押さえておきたいです。筆者は、西洋文明の強みは「何でもサイエンスの視点で研究する姿勢」にあると考えています。かつては株式投資を「博打」と呼ぶ人もいて、金融所得を「不労所得」と見なす風潮もありました。「確率」という概念を最初に体系化したのは、ギャンブラーでもあったイタリア人数学者ジェロラモ・カルダーノ（1501～1576）です。何でも学問的にとらえようとする文化が、西洋文明の繁栄を支えてきました。

資産運用理論も同様に、多くの経済学者の研究を経て発展してきました。ハリー・マーコビッツは分散投資によって価格変動リスクを抑えられると提唱し、これが「モダンポートフォリオ理論」の基礎となりました。さらにウィリアム・シャープは「CAPM理論（キャップエム）」をつくり上げました。ここで解説する投資の考え方は、CAPMをベースにしています。

市場平均リターンと独立的リターン

株式の収益率は大きく2つに分けられます。すなわち、市場全体の平均リターンに連動する部分と、市場と無関係に発生する独立的なリターンです。本来は「安全資産（リスクフリーレート）」のリターンも考慮しますが、ここでは単純化のためゼロ金利と仮定して無視します。人々が株式投資に期待するリターンの公式は、次のように表すことができます。

「人々が望むリターン＝市場平均のリターン＋独立的リターン」

言い換えれば、株価は「市場全体の動向に敏感に反応する要素」と、「その銘柄ならではの独自要素」の2つから構成されるという考え方です。これをさらに記号化すると、次のようにシンプルにとらえることができます。ここでベータ（β）

は市場平均への連動度合いを示し、β＞1なら市場より値動きが大きい、β＜1なら値動きが小さいことを意味します。

［期待リターン

＝ベータ（β）×市場平均リターン（平均r）＋アルファ（α）

＝β×平均r＋α］

この定式は、モダンポートフォリオ理論に基づいています。1952年にハリー・マーコビッツが提唱した理論では「投資銘柄を増やすほど、市場全体の平均リターンに近づいてしまう」という考え方を示しています。たとえば3銘柄で運用している場合は、市場平均と差が出やすいものの、200〜300銘柄に分散すると、結局は市場平均リターンに近づくのです。これはサイコロを何十回も振ると出目の確率が6分の1に近づくのと同じです。投資する銘柄を広く分散させるほど超過リターンを大きく狙うのは難しくなるということです。

たとえば、日経平均225銘柄に連動する投資信託やTOPIX連動のETFへの投資は、市場平均リターンを確保することを目標にしていて、独立的リターン（α）は初めから追求しません。分散投資をすればするほど、期待リターンは市場平均に近づき、αの要素は失われていくものです。

インデックス運用のパラドックスとハイリスク運用

株式投資を始めた人なら誰もが「より高い期待リターンがほしい」と思いますが、実際にはなかなか実現しません。大きく投資すればするほど、市場平均に近い成績へと収れんしてしまう傾向があり、長期投資をすればなおさら市場平均を上回るのは難しくなります。

運用会社は「市場平均リターンを何%上回ったか」で成果を報告しますが、これはまさにαを示す指標です。しかし、市場にゆがみがなければαは消えてしまうという仮説（ユージン・ファーマの効率的市場仮説）があり、アクティブ運用で市場平均を上回る収益率を継続的に実現するのは困難とされています。何度も投資を重ねるほど、やはり市場平均リターンに収れんするという結論です。

運用資産が巨大になるほど、そのパフォーマンスは市場平均リターンに接近しがちです。日本だけでなく世界に分散しても、世界市場の平均リターンへと似通ってしまいます。

ところで、皆が市場平均リターンを狙ってインデックス運用を増やすとどうなるでしょうか。各銘柄の売買もインデックス・ファンド経由で行われる割合が大きくなります。すると、市場全体に引きずられる動きが強まり、個々の銘柄が独自の要因で動くという本来の分散効果が薄れ、リスク低減という原理に反する事態になるかもしれません。これは「尻尾が犬を振る」ような構造であり、インデックス運用のパラドックスと呼ばれるものです。

それでも「市場平均リターンと連動しつつも、リターン幅を拡大する」方法はあります。β値《ち》が高い銘柄を選んで投資するという手法です。具体的にはβを2倍などに設定すると、市場平均リターンが5％上昇すれば、その銘柄は10％上がります。代わりに、▲5％のときは▲10％の下落になります。これは、ハイリスク・ハイリターンの設定です。

β値が高い銘柄は、上げ相場で大きく上昇する一方、下げ相場では大きく下落します。ネット検索で「ハイベータ　銘柄」を調べると、β値の高い銘柄がランキングで表示されるので参考になります。ただし、β値が極端に高い銘柄は少なく、多くは高くても2～4程度です。業種別にもβ値は算出でき、証券業やＩＴ関連、半導体関連などはβが高く、電気ガスや運輸、医薬品はβが低いことで知られています。保守的な運用を目指すならβが小さい業種を選ぶと良いでしょう。

たしかにハイベータ銘柄に集中投資すれば一時的にハイリターンを狙えますが、長期間続けるとアップダウンが均されてやはり市場平均に近づくことが多いです。

いわゆる「時間分散」の原理が働くため、長期的には大きくリターンを上乗せするのは難しくなります。

「上向きの相場だけを狙ってハイベータ銘柄に集中投資する」戦略も考えられますが、そのタイミングを正確に見極めるのは簡単ではありません。結局、「タイミングを読むのが難しいのなら、売買をできるだけ減らす」という戦略も有力です。投資を始めてから、何十年も放置する「バイ・アンド・ホールド戦略」が、インフレなどにより株価が長期的に上昇することを期待する形です。日本国内だけでなく海外銘柄や海外株価インデックス・ファンドを買い、長期にわたって放置するのも合理的な資産運用手法と言えるでしょう。

通常の個人投資家がαを（つまり「市場に勝つ」ことを）長期的に得るのは至難の業ですが、あえてαの獲得を追求する投資家もいます。その代表例がヘッジファンドです。

ヘッジファンドは、割高な銘柄を先物で売り、割安な銘柄を先物で買う「ロング&ショート戦略」を用いるなど、独自の売買手法を駆使してαを狙います。たとえば割高な株が値下がりすれば先物売りで差益を得て、逆に割安銘柄が上がれば買いポジションで差益を得る、という仕組みです。また、高速取引によってミリ秒単位の利ざやを狙う手法も知られています。

こうした手段はインデックス運用の収益とは無関係に稼ぐことを目的としており、だからこそα（独立的リターン）と呼ばれます。もちろん、継続的な利益を得るには高度な銘柄選択スキルや技術が必要で、リスクも大きい投資スタイルです。

6 役立つ海外指標

ここで、心・技・体の「体」について触れておきます。ここでいう体は「体力＝知識」、つまり情報収集のスキルのことです。

私たちが速報的に景気変動を把握するためには、正直なところ海外統計を調べるほうが有効です。日本国内のデータだけでは、相場の先読みが難しいからです。海外で起こった変調は、だいたい1～2か月遅れて日本に波及します。そのため、日本企業が悪影響を受ける前に、海外データを見てある程度察知できるのです。

リーマンショック（2008年～）やITバブル崩壊（2000年～）などを振り返っても、発生源は米国でした。日本経済は「米国がくしゃみをすると、日本が風邪を引く」関係にあるといわれるほど、米国経済の影響を受けやすいです。

筆者としては、「海外統計をいくつか押さえておくと役に立ちますよ」とおすすめしたいです。理由は明快で、マーケットを大きく動かす重要データは日本よりも海外に存在するからです。

実際、株価・為替・長期金利などは、日本国内の要因以上に海外市場の影響を強く受けます。日本の相場は海外要因によって左右されることが多いのです。

たとえば日本株（東証プライム市場）の投資部門別売買状況を見ると、取引金額の7割ほどが海外投資家によるものというデータがあります（2023年では委託売買の69・6％）。ここからも、日本株を動かす主体が海外投資家になってきていることがわかり、米国など海外の経済指標に強く影響される理屈が説明できます。

また、米国の金融政策や経済が変化すると、海外投資家は米国債だけでなく日本国債も売却することがあります。これは「国際分散投資」が広く普及しているためで、米国債の売却に伴い他国の国債も同時に売られます。したがって、米国経済の動向が日本市場に強く波及してきます。

重要な3つの米国指標

ここでは、特に注目度の高い米国の主要指標を3つだけご紹介します。

(1) 雇用統計

米国の雇用統計は毎月、月初の金曜日（日本時間の夜）に発表されます。特に「非農業部門雇用者数がどれだけ増えたか」に注目が集まり、「今月は前月比32万人増」といったように季節調整済みの数字が公表されます。失業率や平均時給の伸び率も話題になりやすいです。

米国のマーケットはこの雇用統計を非常に重視しており、FRB（米連邦準備制度理事会）も金融政策を考えるうえで重要視しています。日本の投資家はあまり自国の経済指標を重視しない傾向があります。それに比べて、多くの海外投資家は米国の雇用統計の変化にすばやく反応して売買します。

米国労働省の公式サイトは日本の統計サイトよりも使いやすいと感じられることが多く、最近は簡単に日本語翻訳もできます。慣れれば英語のまま確認するほうが面倒を感じずに使えます。

(2) 消費者物価指数

米国の消費者物価指数（ＣＰＩ）は２０２２年3月から始まった急激な利上げ以降、ますます注目度が高まりました。インフレ率が前年比２％近くまで落ち着くかどうかで、ＦＲＢの政策姿勢に影響が及ぶからです。

物価指数の内訳には食品やエネルギーなどが含まれていますが、それらを除いた「コア指数（除く食品・エネルギー）」にも目を配る必要があります。食品やエネルギー価格が大きく上下するときは、物価の基調がまだ高止まりしている可能性もあるためです。なお、日本のコア指数は、生鮮食品だけを除いています。

(3) ＩＳＭ製造業指数・非製造業指数

ＩＳＭ（Institute for Supply Management）は、いわば米国版の日銀短観ともいえる存在です。製造業は毎月第1営業日、非製造業は毎月第3営業日に発表され、指数が50を上回れば景気拡大と判断されます。

このＩＳＭ製造業指数は日本の景気動向指数（ＣＩ一致指数）とも微妙に連動しており、米国の状況を早めに把握することで、日本経済への影響を先取りできる〝アラーム〟的な役割を果たします。さらにナスダック指数との連動性も高いため、ハイテク株に関心がある場合は要チェックといえるでしょう。

ＩＳＭは約３００社の購買担当者や供給管理責任者にアンケートを行い、新規受注・生産・雇用・在庫など10項目を総合して指数化しています。米国の実質ＧＤＰとも連動性が高く、ＧＤＰより早く発表される分、成長率の変化を先んじてとらえるために活用できます。

なお、このＩＳＭ指数に似た指標としてＰＭＩ（Purchasing Manager's Index）があります。これは調査会社が米国だけでなく世界各国の類似データを集計し、50を上回れば拡大、下回れば景気悪化を示すというシンプルな仕組みです。

図12　ＩＳＭ製造業指数

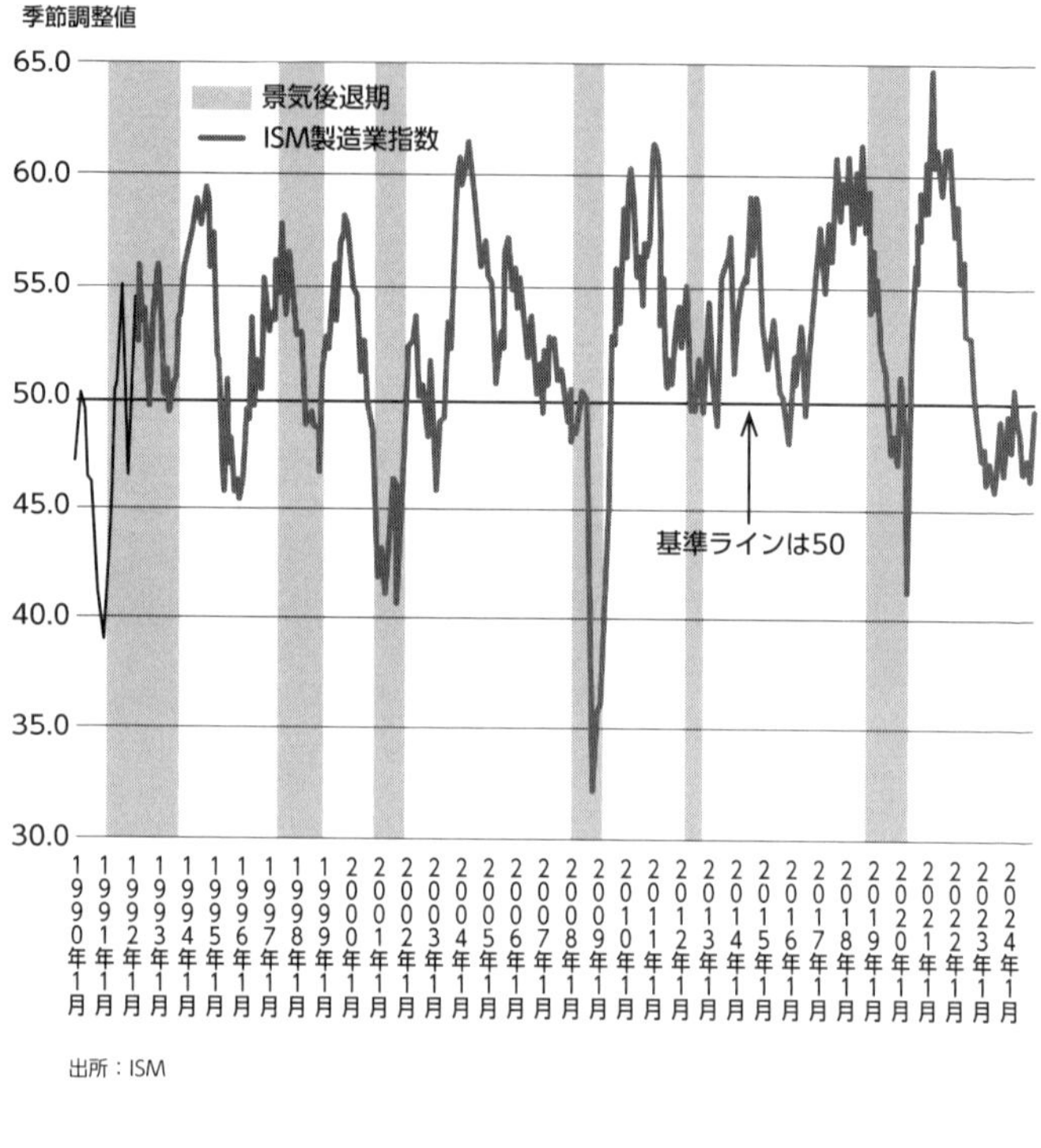

出所：ISM

《コラム6》貿易取引の変化を知る経済指標

海外経済の変調が日本に波及する様子を知るには、「貿易統計」から輸出数量（実質輸出）を追うのが効果的です。財務省が公表する貿易統計は、正直なところサイトの使い勝手があまり良くありません。そこで、日本銀行が公表直後のデータを加工し、エクセル形式で「実質輸出」や国別・品目別の内訳を提供しているものを使います。これはとても助かるサービスで、私たちが海外経済の影響をタイムリーに把握するうえで有益です。

また、外需の動きを見る指標としては、内閣府「機械受注統計」の外需も有用です。日本の機械産業における受注状況を内外別に集計したものので、以前からこの統計を見続けていると、実は国内・民需よりも外需のほうが規模が大きくなっていることに気づきます。外需の月次データは景気の山谷と連動性が高いことが多く、貿易統計で「モノの動き」を確認するのと並行して、投資（設備投資など）の受注動向を見ておけば、景気の変わり目をとらえやすくなると思います。

世界全体の貿易動向をまとめて把握したいなら、オランダ経済分析局（CPB）が公表しているデータが便利です。欧州、米国、日本、新興国などを含む世界の貿易量を集計しています。インターネットで「CPB WORLD TRADE MONITOR」と検索すれば関連のエクセルデータが見つかります。日本の数字が反映されるまで少し時間差があるものの、EUや英国、米国、中国などの主要な貿易状況もわかり、グラフ化すると日本の輸出増加が世界的な流れと合致しているのか、それとも独自の動きなのかをある程度見極められます。

かつては「日本は貿易立国」と教科書で習った人も多いのではないでしょうか。しかし、最近は海外比較の統計を見ると、「貿易立国」と呼ぶほどでもない状況が見えてきます。韓国の人からは「自国のマーケットが小さいからこそ、輸出拡大を成長の軸にしている」という話を聞きます。日本も世界全体が拡大する中では相対的に存在感が小さくなりつつあり、もっと海外需要を積極的に取り込むべきです。筆者は、「日本は貿易立国」という昔ながらの認識や、中途半端に大きい国内市場への依存が、企業の海外事業展開を遅らせる心理的な足かせになっていると感じます。

7 この情報サイトを見ろ！

インターネット全盛の現代では、情報が瞬時に拡散し、あっという間に「賞味期限切れ」になります。ビジネス現場で他人がすでに知っているネットニュースをそのまま話題に取り上げても、ほとんど意味がありません。特に金融市場の関係者は、まだ表に出ていない一次情報や独自の分析を重視します。そこで重要なのが「自分の足で稼いだ生の情報」と「独自の見解」です。ネット情報を受け売りするだけでは差別化できず、ビジネス競争を勝ち抜くのは難しいでしょう。

一方で、ネット上には質の高い情報も存在します。しかし、玉石混交の中で真偽を見極めるのは簡単ではありません。以下に、実用的な情報源をいくつかご紹介します。

経済レポートサイトの活用

一次情報やオリジナルな見解を得るための手段としておすすめしたいのが、経済レポートサイト「経済レポート専門ニュース」(keizaireport.com)です。エコノミストたちは差別化を図る必要性から、質の高いレポートを数多く発行しています。彼ら自身、常に大量のレポートを読み込み、独自性の高い分析を行うため、読み応えがあります。このサイトには「編集長のおすすめ」や「アクセス・ランキング」があり、注目されているレポートを効率よくチェックできます。

さらに効率よく情報を得るには、お気に入りのレポートや特定エコノミストのサイトを定期的にチェックする方法も有効です。筆者のイチ押しは野村総合研究所の木内登英氏のレポートです。速報性がありながら専門性の高いレポートをネットで公開しており、大いに参考になります。

また、次のステップとして研究論文を探すなら、Google Scholarが最強のツールとなります。日本語のものもありますし、海外の論文も幅広くカバーされているため、深い知見に触れるチャンスです。ただし、膨大な論文の中から必要な情報を取捨選択するのに時間とスキルが要ります。重要なのは、どれを読むべきかよりも、「どの情報を捨てるか」という判断をいかにすばやく行うかです。その点は今後はＡＩなども活用しながら補っていくと良いでしょう。

公式資料・有料情報・無料ニュースサイトの使い分け

経済動向を知るためには、日銀の「経済・物価の展望」（四半期ごと）や、内閣府の「月例経済報告」、毎年8月に公表される「経済財政白書」、経済産業省の「通商白書」などの公式資料を読むのもおすすめです。官庁や研究所が作成するレポートにはさまざまな多くの分析手法が盛り込まれており、本当に勉強になることが多いです。

また、日経新聞電子版、日経ビジネスオンライン、東洋経済オンライン、ダイヤモンド・オンラインなど、有料のニュースサイトを活用すると、より多くの情報が得られます。さらに「日経テレコン」は記事・雑誌検索ができ、過去の記事をまとめて調べるには便利です。無料のマーケット情報としては、ロイター通信のサイトがおすすめで、筆者も「ロイター為替コラム」を毎月1回のペースで執筆しています。それを抜きにしても推奨できます。ブルームバーグとロイターは、双璧をなすニュースソースで、為替やマーケット動向の分析が非常に充実しています。

海外メディアを活用し、固定観念から抜け出そう

自分の視野を広げるためには、日本国内だけでなく、たとえば韓国の新聞社の日本語版サイトなど海外メディアを読むこともおすすめです。韓国の新聞は保守

系と革新系に分かれており、朝鮮日報（保守）、中央日報（保守）、東亜日報（革新）、ハンギョレ新聞（革新）などがありますが、それぞれ日本語版を公開しています。日本のメディアとは異なる視点から日韓関係や日米関係を論じているため、固定的な考え方に陥るのを防いでくれます。

私自身、ときにはこれらの日本語版を読むことがありますが、日本の新聞よりも意見をストレートに表明している印象を受けます。こうした異なる論調に触れることで、自分の見方が偏っていないかを点検し、新たな気づきを得ることができます。自分とは異なる意見にこそ、思いがけない発見があるかもしれません。海外メディアを取り入れることで、ビジネスマンとしての視野がさらに広がるはずです。

第3章

資産形成に役立つスキル

1 人生ゲームの分かれ目

「資産運用は何のためか？」と問われたとき、読者は何と答えるでしょうか。人によって、「老後の備え」や「お金儲け」など、さまざまな目的があると思います。私は「人生を豊かに過ごすため」だと考えています。実際、将来使えるお金は少ないより多いほうが望ましいでしょう。

しかし、人生には想定外の出来事が多く、事前のライフプランだけでは対応しきれない場合が多々あります。伝統的な「3大資金」と言われる①教育、②住宅、③老後の資金だけでは足りなくなることがあります。長くなった人生では、④サラリーマン人生後半の給与カットや、⑤親族の介護・相続問題といったリスク・イベントも想定すべきです。

50・60代の給与カットとその現実

近年は、事前に貯蓄しておこうと思っても、現実には50・60代になって役職定年や定年延長に伴う制度見直しによって、大幅な給与ダウンを強いられる人が少なくないのが現状です。

・**役職定年の割合**：企業規模500人以上では36・6％の民間企業が役職定年を導入（2017年、人事院調べ）。
・**定年後の給与**：日経ビジネスの調査（2021年1月）では、定年前より▲5割以上カットされる人が約半数と、かなり過酷な扱いです。

本来は50代で子育てが一段落し、老後資金を貯める余裕ができるはずでしたが、近年は給与カットで収支が赤字化し、貯蓄を取り崩す人が増えています。これでは〝老後破綻〟につながりかねず、高齢になっても就労せざるを得ない状況に追い込まれてしまう現実があります。

さらに政府は年金支給開始年齢を65歳に引き上げる一方、企業に65歳までの継続雇用を義務づけました。また、政府は企業に70歳までの就業機会の確保を努力義務として、その裏で企業は「シニアの雇用コストを下げる」方針を取り、実質的に役職定年や定年後の給料カットを進めてきたと筆者はみています。シニアのモチベーションが下がり、働き方の生産性にも悪影響を及ぼすケースが多いことは、政府の立場から十分に顧みられていないと残念に思います。

人生後半をどう乗り切るか

「事前に老後資金をしっかり貯める」ことが王道の対策ですが、50・60代で給与カットが待っているなら、もっと若い年齢でやりがい、収入を確保できる場所へ転職するという選択肢も重要です。実際、大手企業の人事担当者によると、多少条件が下がっても意欲を発揮できる転職先を選ぶ人は少なくないそうです。

とはいえ、多くの人は同じ企業に可能な限りい続けて待遇悪化を受け入れるのが現実なのかもしれません。いずれにしても、私たちは「人生100年」の後半に想定外のリスクが多いことを踏まえ、何らかの備えや選択肢を用意しておく必要があります。家計収支の赤字化やモチベーション低下、さらには介護・相続問題も加わると、計画的な準備だけではカバーできない大きな変化が起こっていると言えるでしょう。

このように、長い人生を俯瞰すれば、思わぬ〝分かれ目〟が訪れるのは避けられません。だからこそ、給与カットや定年年齢の手前で自分のキャリアを見直す、あるいはもっと早めにライフプランをがらりと見直す準備をしておくなど、具体的な対策を講じることがますます大切になるでしょう。

《コラム7》大企業は本当におトクか？

昔は「良い学校に入り、良い会社に就職すれば安泰だ」と言われてきましたが、筆者（50代）は今、その考え方に疑問を感じています。一つの企業に所属して課長↓部長↓役員へと昇進するには、途方もない年数がかかります。また、他人のために精神をすり減らす努力も必要です。それならば、自分が法人を所有して、自分のために全力を注ぎ、短期間で大きな事業利益を生むほうがメリットがあるという考え方もできます。

筆者は仕事柄、中小企業経営者と付き合う機会が多いのですが、大企業のサラリーマンよりはるかに多くの収入を得ている経営者を数多く見てきました。激しい受験競争を勝ち抜いた若者が「大手企業のほうが年収が高い」と思い込んでいる様子を見ると、不思議に思います。

確かに大企業は若いうちに能力を磨く環境が整っている利点がありま

すが、人生後半では自分の能力を正しく評価されず、理不尽な人事に苦しむ弊害も多いからです。

中小企業は雇用の安定性が大企業に比べて劣るというデメリットがあります。しかし、中小企業のほうが自分の裁量を発揮しやすく、自分だけの居場所を決められるメリットがあります。

大企業の役員は権限が大きいように見えても、在任期間が数年と短いことがほとんどです。中央省庁に就職しながら若くして転職→外資系企業→起業、という例も増えています。彼らはそのほうがやりがいと生涯年収を大きくできると知っているのでしょう。

大企業の欠点として、同じ社内で上位ポストに行くほど外との切磋琢磨が減り、スキルを磨く機会が限定されることがあります。むしろ40～50代で中小企業の経営者となり、外部との〝他流試合〟を積極的に経験するほうが実力を伸ばせる、と私は感じます。守られていない組織の外で勝負してこそ、本当の意味で能力が鍛えられるのだと実感しています。

《コラム8》 50・60代での介護・相続問題

人生の後半戦で、誰にでも訪れる可能性があるのは、親族の介護や相続の問題です。親の死が避けられない以上、人は誰もが介護と相続をめぐる問題に直面することになります。たとえば自分が50歳男性だとすると、父母の年齢は平均で父78歳・母73歳ほどでしょう（健康寿命では男性73歳・女性75歳くらい）。親の介護ニーズが浮上したとき、最初は父親の介護を母親が担うかもしれませんが、やがて自分か、その家族の誰かが追加の負担を引き受ける可能性が高まります。

多くの人が現状維持バイアスを抱え、「自分はずっと健康で介護は必要ない」と思いがちです。しかし、実際、認知機能が衰えて配偶者だけでは世話しきれなくなるケースは少なくありません。ヘルパーの費用が予想以上にかさみ、結果的に介護施設に頼ることになる例も多いです。

さらに施設のグレードを上げれば入所費用が数千万円にのぼる場合もあります。自分の親に資力がないときは、子供が負担を肩代わりする状況が生まれます。兄弟がいれば、その中で一番経済力のありそうな人に負担が集中することになりやすいようです。

親が亡くなった後の相続リスク

両親が亡くなると、今度は遺産分配の問題が出てきます。経済学では「親が遺産をちらつかせながら介護を期待する」という考え方を〝戦略的遺産動機〟と呼びます。実際には、子供が親の面倒をみる理由には、儒教的な家族の情と金銭的利害が入り混じることが多いようです。

相続資産が地方の実家などの場合、その家を処分しないまま放置すると経済的価値がどんどん目減りしてしまいます。現在、日本には900万軒もの空き家があると言われています。その背景には多くの人が相続資産を活用できずに放置しているという現状があるからでしょう。

最近は、空き家を持っていると税負担を増やすようにする自治体もあります。親の認知能力がしっかりしているうちに遺言書や家族信託を整備するのが理想です。生前にきちんと取り決めておかないと、兄弟間や親族間でのトラブルの火種になりやすいです。子供のいない夫婦の場合、片方が亡くなると、亡くなった方の親族が出てきて揉める例もしばしばあります。

相続税負担と対策

相続では相続税にも注意が必要です。不動産など実物資産を相続すると、納税のために自分の預金を取り崩さざるを得ないことがあります。相続時の申告を依頼して税理士に多くの手数料を支払う必要が出てくる場合もあるので、事前に対策をしておけばよかった……と後悔することも少なくありません。

全国的に相続税を支払うのは9・6%(10人に1人、2022年)程度ですが、大都市圏では地価の高さゆえにもっと比率が高いでしょう。平均的には相続税の課税対象資産が基礎控除３０００万円＋相続人数×６００万円という非課税範囲に収まって、課税の対象外になる人が多くなると言われます。ですが、都会に家や土地を持つ人は油断できません。

誰にとってもいつかは直面する可能性があるのが、介護と相続の問題です。そうした現実を直視して早めに備えておけば、経済的にも精神的にも大きなダメージを回避しやすくなります。家族の将来についても情報を集め、考えられるリスクに事前に対処しておくことが大切なのです。

2 人生の収支シミュレーション

老後生活に向けて、私たちはどれくらいの金額を貯蓄しておくべきなのでしょうか。2019年には「老後2000万円問題」という言葉が広まり、世間では「そんなに貯められないよ！」という感情的な批判が起きました。一方、専門家の間では「2000万円はむしろ少ないのでは」という声もありました。

実際、金融広報中央委員会の「家計金融資産に関する世論調査」（2023年）によると、「老後の生活資金として年金支給開始時に最低どのくらい必要か？」という問いに対し、回答の平均は1920万円でした。つまり専門家でなくても、ざっくり2000万円の準備が必要だと感じている人が多いようです。

60～64歳が収支赤字のカギ

筆者も具体的に計算してみました。老後生活の資金は、いくらくらい準備すべきかという計算です。総務省「家計調査」（2023年）の「2人以上・無職世帯」の収支を参考にしたところ、無職世帯はどの年代でも預貯金を取り崩す赤字生活をしており、特に60～64歳が最も赤字額が大きいという結果が出ています。

具体的には、60～64歳の毎月の赤字額は▲12・9万円で、年間にすると▲155万円、5年間で▲773万円という試算になります。もし60歳で退職して65歳まで年金がほとんど入らない場合、5年間で貯蓄を▲773万円も減らさなければならない計算です。

一方、65～69歳になると月々の赤字は▲4・1万円に縮まりますが、それでも計算すると年▲49万円、5年間で▲244万円です。それに70～90歳までの赤字を累計すると、▲1650万円の取り崩しが必要になるというシミュレーションになりました。こうしてみると「老後２０００万円」という数字は決して大げさではないとわかります。

60歳で給与が激減するリスク

大きな問題は、60歳を境に企業が大幅に給与を減らすケースが多いことです。その結果、60歳で仕事を辞めて、60～64歳に想定以上の赤字を被るか、給与カットに甘んじて厳しい条件の継続雇用を選ぶか——という難しい選択を迫られます。

「家計調査」をもとに、60～64歳も勤め人として働き続けた場合は、60歳で完全に退職した場合に比べて、毎月40・２万円の可処分所得が得られ、そのうち８・８万円を貯蓄に回せるという結果になりました。収入は55～59歳より35％ほど減るものの、消費支出を抑えれば黒字をキープできます。さらに65～69歳まで働けば、10年間で貯蓄が１１３７万円増えると試算されています。

図 13　世代別の家計収支（黒字・赤字額）

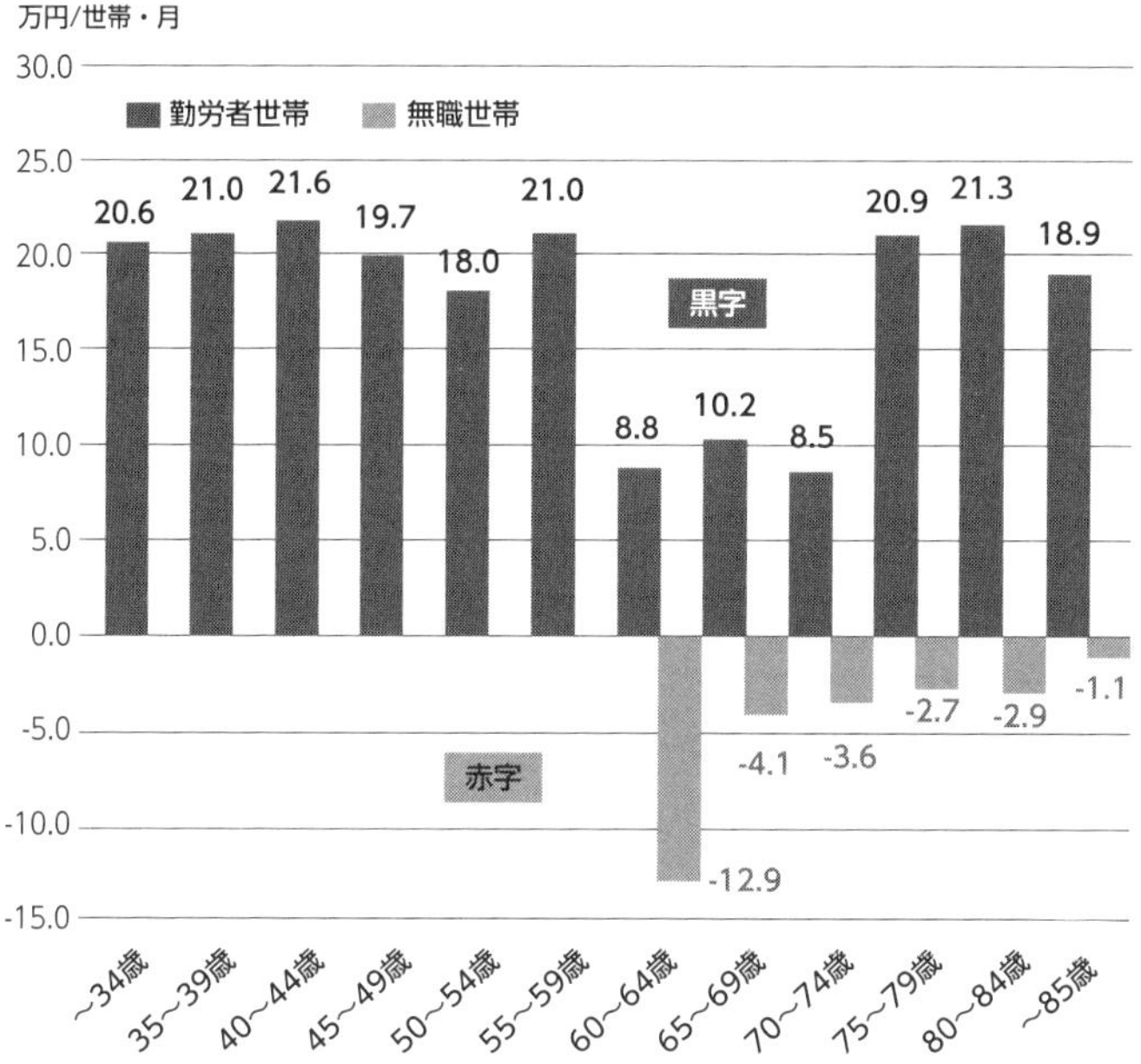

出所：総務省「家計調査」（2人以上世帯、2023年）

人によって事情は異なりますが、平均的には退職金が２０００万円ほど支給される（大卒の場合）とされ、これが老後の準備資金を一気に増やしてくれます。もっとも、役職定年を導入している企業も多くあり、自分が思っていたほど生涯年収が大きくならないケースも珍しくありません。

老後の家計を安定させるためには、まず60歳以降の働き方をどうするかを考え、生活費の赤字補填のために貯蓄を事前に用意しておく必要があります。人生１００年時代と言われる今、生涯収支シミュレーションをしっかりと行い、可能な限りリスクを回避するためにお金の備えが大切になります。

《コラム９》50歳代で役職定年になるリスク

もしも、あなたが50歳代後半で役職定年を迎え、給与が大幅に減るとどうなるでしょうか。このケースを収支計算してみましょう。

筆者は総務省「家計調査」を参考に、55〜59歳の可処分所得が▲50％削減されるケースを仮定し、計算してみました。その結果、毎月▲６・７万円の赤字が発生し、年間▲81万円、５年間で▲４０５万円の貯蓄取り崩しが必要になる試算です。本来ならば、役職定年がなければ５年間で４００万円（年80万円×５年）を貯蓄に回せるところ、逆の結果になるわけです。

万一、あなたが55歳前後で大幅な給与カットに遭うとすれば、それまでの年齢に老後の準備資金を貯めておく必要に迫られることになります。

参考まで、平均的な世帯は30・40代のうちにどれくらいの貯蓄を貯め

図14　年代別の金融資産

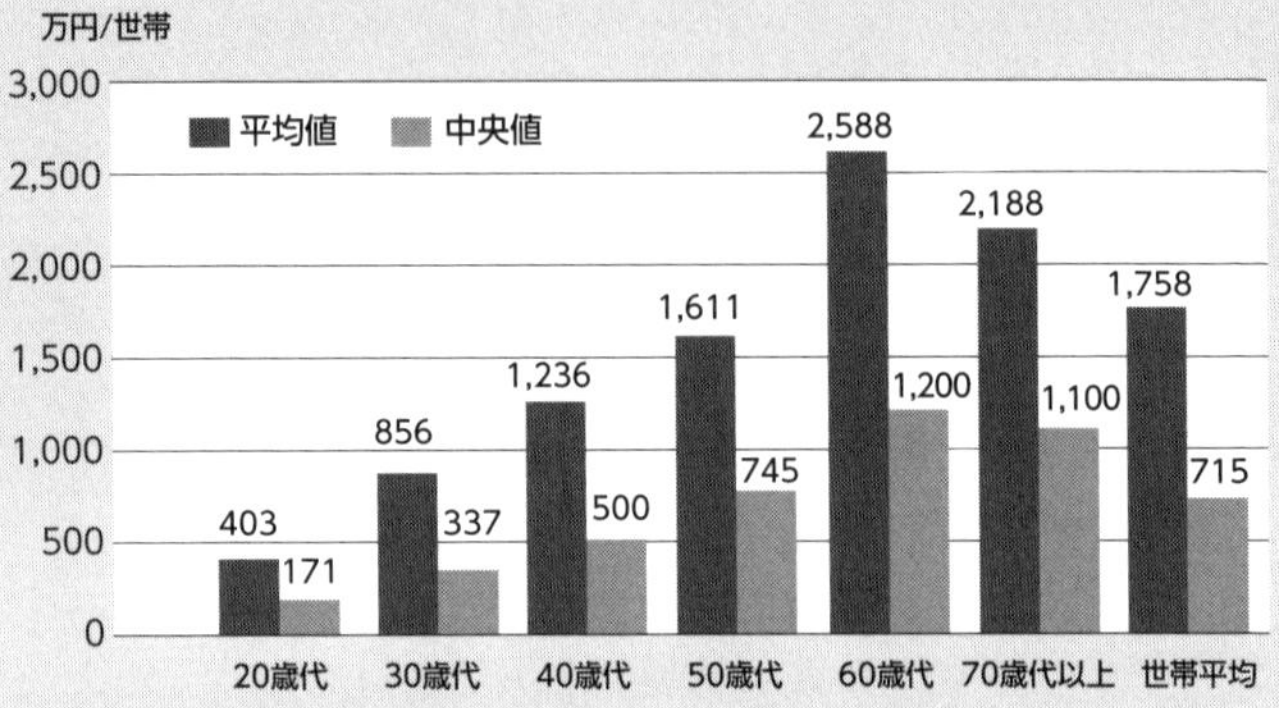

出所：金融広報中央委員会「家計の金融資産に関する世論調査」（2023年）

ることができるでしょうか。金融広報中央委員会「家計金融資産に関する世論調査」（２０２３年）によると、各年代の金融資産保有残高はおよそ上図のとおりです。

《コラム10》住宅ローンの返済世帯の家計収支

住宅ローンを借りる際は、月々の返済額を収入の30%以内にするのが賢明とされています。実際には20%を超えると、負担の大きさを実感する人が増えるともいわれます。

総務省「家計調査」（2023年）によると、住宅ローン世帯が返済に充てている割合は平均16%程度です。具体的には、可処分所得が月50万円の場合、返済額がおよそ8万円に相当します。

同じ調査を年齢別に見ると、世帯主が60歳以上になると返済負担率が20~23%に上昇しています。これは驚くべき結果です。高齢期の収入や雇用形態の変化に伴い、返済が重くのしかかるケースがあることを示しています。そのため、できるだけ50歳代までに住宅ローンを完済するか、少なくとも大半を返済しておくと安心です。40歳で借りて70歳まで返済するというのは負荷が大きく、多くの人が退職金を使って一括返済しようと考えるのも、このリスクを回避するためといえるでしょう。

ローン返済中でも資産を積み上げる世帯も多い

興味深いのは、住宅ローンを返済している世帯でも、家計収支の黒字分をすべて返済に回すわけではなく、金融資産を増やしている例があることです。つまり、ローンを抱えているからといって必ずしも家計がギリギリというわけではなく、ある程度の余裕をもって返済計画を立てている人が少なくありません。

もちろん、ローン返済中は節約傾向が強まることも事実で、だいたい可処分所得から消費に回す割合が5％ほど低くなる傾向があります。その分、家族旅行や車の買い替えなどに制限がかかるかもしれませんが、無理なく返済を続けるための我慢だと割り切っている人も多いようです。

3 インフレ対策

老後などのために資金を貯めるとき、見落としがちなのがインフレの脅威です。現在の生活費が毎月30万円だとすると、物価の上昇に伴い、将来10年後はその生活費がさらに膨らむ可能性があります。

たとえば、消費者物価が年率2％のペースで10年間上昇すると、生活費は約21・9％増加する計算になります。2024年に30万円かかっていた生活コストが、2034年にはおよそ36・6万円まで跳ね上がるというわけです。これは貯蓄の購買力が大きく削がれることを意味します。

インフレで物価が上がれば、手元の貯蓄の実質的な価値は目減りします。たとえば1000万円の購買力も、2％の物価上昇が10年続けば、計算上は820万円ほどに減ってしまいます。

経済学者ジョン・M・ケインズは、こうしたインフレによる価値の目減りを「インフレ課税（Inflation Tax）」と呼びました。つまり、インフレは密かに私たちの財布からお金を削り取っていく税金のようなものだというわけです。

このインフレ効果に打ち勝つには、年率2％を超えるリターンで資産運用する必要があります。しかし、現時点で元本保証のある円建て預金や債券に2％を上回る商品は見当たりません。その結果、私たちは意識する・しないに関わらず、インフレによって資産が少しずつ削られるリスクを負っているのです。

インフレによる「割り負け」損失を防ぐためには、資産運用である程度のリスクを取らざるを得ない場面もあるでしょう。株式投資や海外投資など、元本保証がない代わりに、より高めのリターンを狙える選択肢を検討する必要が出てきます。もちろんリスク管理は不可欠ですが、インフレリスクを放置すれば、せっかく貯めた資産が実質的に目減りしていく可能性が高まるのです。

代替資産の保有

インフレ対策として注目される運用対象の一つが「金（きん）」です。近年の世界情勢の不安定化を背景に「有事の金」と呼ばれ、価格が高値を維持してきました。金は利回りが付かず、値上がり益に頼るしかない商品ですが、コロナ禍が始まった2020年から急騰し、2024年以降も再び上昇が続いています。一方で2013〜2019年は低迷しつつも極端に大きくは下がりませんでした。

しかし、筆者はすでに金価格が高値圏にあることから「高値づかみのリスクがある」と考えています。本当に購入してみたいならば、いったん価格が下落するタイミングを待つほうが無難でしょう。

金と似た動きが見られるのが暗号資産（ビットコイン等）です。2020年以降、世界の過剰流動性を受けて急上昇した点で金と共通していますが、実体経済との関連が乏しく値動きが不安定です。2024年末にトランプ大統領の再選が決まると、値上がりの思惑が強まり、ビットコインは高値を更新しました。筆者は、取引参加者が「みんなが買うなら自分も買う」というバブル的心理が働きやすいと感じており、安定した運用対象としてみるには不安が残ります。

伝統的な投資対象（株式・債券など）とは異なり、金や暗号資産は「オルタナティブ投資（代替資産）」として位置づけられます。値動きに独立性があるため、分散投資の一環としてポートフォリオの一部に取り入れる考え方もあります。少額だけ保有し、値動きをチェックしながら勉強の材料にするという発想も成り立つと思います。

図 15　ビットコインと金価格の推移

出所：Investing.com

インフレ対策の「裏技」

ここまでのインフレ対策は「ある程度のリスク（価格変動・為替変動）を取り、外貨や株式の運用で高めの利回りを狙う」というオモテの運用でした。では、ウラの運用とは何かというと、円資金をむしろ多く借りるという手法です。インフレで円の価値が下がるなら、円という負債を抱えるほど有利になるという理屈です。将来的に自分の収入がインフレで上がれば、過去に借りた円の返済負担は実質的に軽くなるわけです。

たとえば10年間で2％のインフレが続けば、2000万円の借金は10年後に1641万円相当の負担に減価します。そして、その借り入れ資金を年4％程度で運用できれば、インフレを上回るリターンが見込めます。これは「レバレッジをかけてポジションを膨らませる」＝キャリートレードと呼ばれ、ヘッジファンドなどで行われている手法と同じです。

もっとも、一般の個人が同じことをするのはかなり危険です。決しておすすめはしません。大きなポジションを取るほど、為替や価格変動で一気に大損を被る可能性があるからです。失業や病気など人生のリスクを考えると、借金を拡大するのは怖いというのが普通の感覚でしょう。

現実的には、資金的に余裕がある富裕層や投資ファンドでなければ、インフレ期のレバレッジ運用は実行しにくいというのが実情です。損失が出ても生活基盤が揺らがない層ならば、大きなリスクを取って高リターンを狙えるという構造があるのです。それがインフレ期の格差を拡大しやすい要因の一つにもなっています。

4 金融スキルの能力開発

資産運用を始めるとき、多くの人は「金融商品を買う」ことから着手します。しかし「商品を買う」と聞くと、大画面テレビやヘアドライヤーを買って家に持ち帰れば一定の機能を発揮してくれる、というイメージが浮かぶかもしれません。ところが、株式や外貨建て投信はまったく性格が異なります。

なぜなら、これらの収益性は買うタイミングや売るタイミング、さらにはマーケット状況次第で大きく変動するからです。ときには損失を被ることもあります。厳密に言えば、株式投資は「金融商品を買う」のではなく、「運用に参加する権利を買って、自ら運用を始める」という行為です。そこには当然リスクも利益もあり、市場のルールを理解したうえでノウハウを身につける必要があるわけです。

これが「金融リテラシー」という概念であり、運用する人のリテラシーの高さによって成果は大きく左右されます。

市場参入には金融リテラシーが不可欠

金融市場に関わる際、投資家が十分なリテラシー（使いこなし能力）を持たなければうまく付き合えないのは自明です。ときどき「個人投資家をもっと市場に呼び込むべきだ」という政策提言を耳にしますが、同時に参加者の金融リテラシーを高めないと、粗製乱造した投資家が増えるだけで個人に過大なリスクを負わせる可能性もあります。

では、金融リテラシーとは具体的に何を指すのでしょうか。筆者は、リテラシーの構成要素として「サイエンス（知識・分析力・技巧）」と「アート（判断力・感性）」の両面があると考えています。サイエンスがどれだけ優れていても、アートの部分、つまり経験や運、精神力などが欠けていれば、個人投資家に対して運用の成果は期待しづらいかもしれません。

ニュートンのような天才物理学者だからといって株式投資で必ず成功するとは限りません。知識やテクニックだけでなく、「勘所」や「センス」が必要です。

筆者はこの「アート(判断力・感性)」を高めるには、経験による学びの貢献が一番大きいと考えています。そこには、運のつかみ方、精神力(我慢強さ)、意欲(投資へのモチベーション)、仲間との交流(情報共有)などが含まれます。

「経験」と言うと何だか抽象的ですが、経験の中に運・意欲・精神力・他者から学ぶ姿勢などが内包されているのだと説明すると、少しずつその意味が伝わってくるのではないかと思います。

感性をどう磨くか

自分の感性を磨くのは大変難しいことだと思います。だからこそ、芸術（アート）とも言われるのでしょう。では、感性を磨く具体的なメソッドはないのでしょうか。筆者が思いつくのは、昔からある相場の格言を知ることだと思っています。

これらは、単なる知識というよりも、失敗談をまとめた言葉のようなものです。先見的に役立つというよりも、自分が失敗して、「ああ、そうだったのか」と気づかせてくれる言葉です。心理バイアスに負けず、同じ失敗を繰り返さないための道標になります。

主な格言を列挙します。

株を買うより、時を買え

もうはまだなり、まだはもうなり

落ちてくるナイフはつかむな

見切り千両

人の行く裏に道あり花の山

遠くのものは避けよ

江戸時代の寺子屋では、四書五経を庶民が学び、中でも論語は多くの人に愛されてきました。その理由は、どこか日本人の感性に響くものがあるからでしょう。相場の格言も同じだと思います。投資家の経験に照らして、先人たちが遺した教訓集です。感性を磨くには良いテキストだと思います。

5 成果を追求するための能力

人的資本、無形資産、生産性、競争力――これらは概念としては存在しているものの、実体がとらえにくく、必ずしも再現できるわけではありません。生産性が高い企業の手法を模倣しても、他社が同じような成果を出せる保証はなく、定型化されたメソッドも示されにくいのです。

たとえば、「あの人は人的資本（スキル）を持っている」と言われるケースでも、その能力をどのように獲得すれば良いかが具体的に語られないまま、事後的に評価されているだけ、ということが多くあります。実務で「成果を上げろ」「業績を伸ばせ」と声高に叫ばれる一方、どのように実現するか（How to）は語られないのは、成果に明確な再現性がないからだとも言えます。

筆者は長らくこの問題を考える中で、認知心理学の知見——特に「学力を高めるには非認知スキル（学習意欲、協調性、コミュニケーション力、自己肯定感など）が重要」という考えに注目しました。生徒の学力も、友達付き合いや難解な宿題への粘り強さといった地道なプロセスで高まるようです。同様に企業の生産性も、組織の良い風土や現場力によって向上するのだと推論できます。

非認知スキルとメタ認知能力がカギを握る

認知心理学の分野では、学力向上に「メタ認知能力」が重要だという説が広まりつつあります。メタ認知とは「自分の学力を上げるには、何をどうすれば良いか」を理解する力のことです。勉強ができる生徒は、しばしば〝どうやれば自分が成績を伸ばせるかという方法を知っている〟とされます。私の友人である大学教授は「できる子は、自分が何をすべきかを知っている」と語っています。私は、これは生産性を上げるうえでも同じ原理が働くのではないかと直感しています。

メタ認知能力は、いわゆる「非認知スキル」の一つです。学校生活での協調性や粘り強さと結びついて学力が伸びるように、ビジネスでも個人の粘り強さや、他人とのコミュニケーション力が不可欠です。こうした〝目に見えない〟力が、最終的な成果に大きく関わってくるわけです。

能力開発のための「7：2：1の法則」

筆者が言いたいのは、金融リテラシーを含むあらゆる能力開発は、一筋縄ではいかない多面的な要素をもつということです。リテラシーを身につけることは、座学だけでなく実務的な技量を高める意味もあります。企業の人材育成でも座学と実践が区別されますが、実際はどちらも大切であり、両者は密接不可分です。

この考え方をバランスさせるのが、ロミンガー社の「7：2：1の法則」です。

リーダーシップを学ぶ際、「7割は仕事を通じた経験学習」「2割は上司や周囲からのフィードバック」「1割は研修や書籍などの座学」とされています。

7割：経験学習（困難な仕事をこなし、課題を乗り越える中で地力が養われる）

2割：フィードバック・啓蒙（上司や先輩の助言、人間的に優れた仲間から学ぶことで成長する）

1割：研修や読書（座学やセミナーに参加し、体系的な知識をインプットする）

日本企業はOJTを重視しがちですが、実務だけに頼ると自分の殻を破りにくいという欠点があります。金融教育も同様で、自己流の経験だけでは見落としや偏りが出やすいため、多様な学びをバランスよく取り入れることが肝心です。

また、経験学習では〝反省〟を伴う内省（リフレクション）のプロセスが欠かせません。デイヴィッド・A・コルブが提唱した理論では、経験学習のプロセスがあり、自分の失敗を振り返って、それを抽象化することで「そのときはこうすれば良い」という教訓を得られるのです。学習するとは、内省を未来にフィードバックさせて成長することです。

これと同じことを、コンサルタントの細谷功氏が説いています。細谷氏は「具体→抽象→具体」のサイクルを回すことで、情報の本質や共通項を見出し、新しい状況に応用できる柔軟な思考力が育まれると述べています。

最終的には、金融リテラシーを含むあらゆる能力開発は「具体的な経験→抽象化→再び具体へ適用」というサイクルをどれだけ重ねて回せるかで成果が大きく変わってきます。こうした試行錯誤を通じて人は〝成果を生み出す能力〟を身につけます。それこそが、人的資本や生産性を高める近道なのです。

実践でどう感性を磨くか

実践とは、単に現場で長く働けば良いという話ではありません。現場に立って初めてわかる緊張感や、多くの顧客が抱いている心情を共有することです。企業では、組織が大きくなって、自分が多くのスタッフを動かせる立場になると、ある日、いつの間にか現場のことがわからなくなっていることがよく起こります。浦島太郎化の現象です。だからこそ、組織のトップはあえて現場に降りていき、感覚のずれを埋めていくことが求められます。アマゾンの創業者ジェフ・ベゾスは、全管理職に毎年2日間、コールセンターでの実地研修を課しました。もちろん、ベゾス自身も同じ研修を受けていました。顧客からの苦情や不満を直接聞いて、謙虚な姿勢を身につけることが目的です。

リテラシーも同じく現場からの目線でものを考えて、座学で知った知識を咀嚼しなければ、自分事として活用できないと思います。

《コラム11》アイデアを生む「オズボーンの法則」

成果を追求するには、まず一つの分野を徹底的に調べ、自分なりの手法を実行する「土地勘」を身につけることが大切です。そのうえで「どうすれば成果を高められるか」を真剣に考え抜き、思いついた解決策を試行していくうちに、経験を通じてリアリティのある方法論が生まれます。言い換えれば、成果を導く処方箋とは、最初から万人向けに定型化されたものではなく、自分の手足を動かしながら個々にカスタマイズされていくものです。能力開発の精髄は、経験を重ねて自分のアイデアを洗練し続けるプロセスにあります。そこで活用できるのが「オズボーンの法則」という思考法です。

オズボーンの法則（チェックリスト）は、組織や人の役割を見直し、成果を求める思考実験法です。たとえば、「人材の使い方」を検討する場合、次の9項目を順番に考えてみることができます。

①ほかに活躍させる道はないか
②位置づけ・役割・様式を変えられないか
③役割を大きくしてみる
④役割を小さくしてみる
⑤その人の代わりに別の人・部署でやってみる
⑥役割を他人と交換できないか
⑦別の部署の人たちと入れ替えはできないか
⑧部署をほかの部署と統合するとどうなるか
⑨他部署の視点を取り入れられないか

このリストは組織改革や経営再建の万能薬ではありませんが、自分の思考を縦横に広げるうえでは、一定の効果があります。筆者は中小企業の経営者向け講演会で、このような思考空間を広げるヒントを提供することが多いです。経営者自身も「自分の知らない知識や発想に触れて、新しいアイデアを得たい」と考えているからこそ、わざわざ講演を聴きに来てくださっているのでしょう。

「学力向上には非認知スキルが不可欠だ」と前に述べましたが、経営にも同じように〝直接的でない知識〟がインスピレーションを生み出す素地として役立つことがあります。経営者は、難しい課題を抱え、それを一気に解決する策がなかなか見当たらないからこそ、さまざまなところからアイデアを拾い集めて漸進的に乗り越えようとするのです。

筆者が情報発信をするのは、そうした潜在的なニーズに応える目的があるからに他なりません。オズボーンの法則のような思考ツールを活用して「自分の枠を広げる」作業を続ければ、新たな可能性が開けるはずです。

6 年金不足をどうするか？

老後の生活費として毎月34万円ほど必要だという調査結果もあります。一方で厚生労働省の資料によると、夫婦で受け取れる厚生年金の平均額は26・8万円（夫16・3万円、妻10・5万円）程度です。毎月、この差額分（約7万円）をどう埋めるかが、多くの人にとって切実な問題になっています。

不足を補う方法としては、大きく①働き続ける、②金融所得を得る、③事業所得を得る、の3つが考えられます。そうでなければ、貯蓄を取り崩すか、公的扶助や家族の援助を頼るしかないかもしれません。実際、多くの人は「働き続ける」道を選んでいるようです。

しかし、60歳を過ぎると給与水準が大幅に下がったり、組織内で重要な役割を与えられなくなるケースが目立ちます。結果的に働かない選択をする人も少なくありません。総務省「労働力調査」(2023年)によれば、60～64歳は74・8%が働き、65～69歳は52・0%が仕事を続けています。さらに70歳以上になると働ける人の割合は18・4%にまで下がります。加齢によって、健康不安や意欲喪失で思うように働けなくなる人が多くなるのが実情です。

FIREを望むなら

働けなくなったときには貯蓄を取り崩すか、公的扶助や家族の助けに頼るしかありません。それを回避すべく、「なるべく高利回りの資産運用で収入を得たい」と考える人も多いでしょう。米国発のFIRE(Financial Independence, Retire Early)の考え方では、運用利回り、元本の4%を生活費として取り崩すモデルが理想とされます。

しかし日本では、預金金利が0・2〜0・5％、株式の平均配当利回りが2％程度です。60歳代の2人以上世帯の平均金融資産（約2447万円）を使ってシミュレーションすると、米国債などの海外投資を活用して何とか年3〜4％程度の利回りが狙えるかもしれません。しかし、為替リスクがあります。将来的にFRBの利下げが行われて4％を保つことが困難になる可能性もあります。

さらに、日銀の低金利政策が大幅に変わる兆しは少なく、政府債務の膨張もあって金利を急上昇させられない状況が続きそうです。結果として円建て資産ではインフレに追いつかず、実質的な目減りが避けられないリスクが感じられます。

不動産投資とインフレ時代の資産運用

金融面で限界を感じたとき、多くの人は「事業所得」を視野に入れます。起業や副業など、自分で収益を生む手段をつくるわけです。その中でも、肉体的負担が少なく比較的安定した収入を得やすいとされるのが「不動産所得」です。国税庁のデータによると、不動産収入を得ている人は106万人もおり、平均542万円の所得を得ています。これだけあれば老後の安心感は高まりそうです。

もっとも、不動産投資にはまとまった金額の資本とノウハウが必要で、誰にでも簡単にできるというわけではありません。意外なところでは、資産を生み出す手段として「自宅を賃貸に回す」などの方法も考えられます。筆者の両親も持ち家を貸家にして毎月の家賃収入を得ています。相続した家を人に貸し、自分は別の住まいに住むという形も選択肢の一つでしょう。

インフレ下では借金が実質的に軽くなるため、レバレッジを活かせる不動産投資が魅力的に見える面もあります。一方で金利上昇リスク、空室リスク、修繕費などを考慮しなければいけません。リターンを狙うには相応の知識が必要です。

今のところ、日本では「低金利が長く続きそうだが、インフレも進む」状態が想定されるため、外貨運用や事業所得、不動産収入など、さまざまな手段を組み合わせて老後に備えることが重要だと考えられます。

《コラム12》稼ぐ力は資本で決まってくる

年金不足に備えるには、なるべく若いうちから戦略を立てておくと良いでしょう。なぜなら、人生の後半戦になるほど、それまでに蓄積したものを収入へと転化して不足を補うからです。その蓄積には、①人的資本、②金融資本、③事業資本の3つがあります。

①人的資本のうち、高いスキルを持っている人は、副業や兼業で稼ぎの場を広げやすくなります。60代を超えて給与が下がりにくい状況を作るには、特定のスキルを活かせる働き方を確保しておく必要があります。さらに人的資本には、いわゆる「関係資本（人的ネットワーク）」も含まれます。誰に何の仕事を任せればうまくいくかを知っていることは、無形資産として大きなアドバンテージになります。社内だけに分野を閉ざす

と、この関係資本を築く機会が限られるため、社外でも頼れる人間関係を若い頃から意識的につくっておくと良いでしょう。そうしておけば、60歳以降に思わぬ形で新たな収入を得るきっかけになるかもしれません。

一方で、**②金融資本**から得られるリターンはあまり期待できない状況です。国の巨額の債務と、日銀が低金利是正に踏み切れない現状では、老後に頼りたい金利収入が極度に低いままです。そのしわ寄せは国民が負う形となっており、結局、①や③を活かすしかないわけです。

③事業資本とは、不動産のように自ら事業を運営して所得を増やしていくことを指します。副業や兼業で事業範囲を広げることも可能です。筆者の知人には、若くして法人をつくり、不動産投資などで資産と負債を両立しながら拡大してきた人もいます。金融資産だけで数億円を得るよりも、事業収益を積み上げて成功した例のほうが多いと思えます。

7 副業や事業資本で稼ぐ

自分の収入に事業収入が加わることは、老後を含む人生全般において非常に強力な武器になります。筆者は、20歳代から一社に勤め上げる生き方こそ20世紀型だと感じています。それは単に終身雇用だけでなく「就労収入オンリー」で暮らす様式を指します。現実には、60歳を過ぎると企業は高い給与を支払わなくなる傾向が強く、能力があっても一律に給与カットされる〝悪平等〟が横行しているからです。こうした扱いを避けるには、早い段階から自分の力で稼ぐ能力——すなわち事業収入を得られるスキルを育てる以外にありません。

副業の実態

近年、副業・兼業を認める会社が増えました。副業の主な目的はスキル向上と収入増です。週1〜2日のすきま時間でパート・アルバイトをする人が多い半面、時給制の仕事だけでは大きな収入を得るのは難しいと思えます。時給制より、ネット経由の成果報酬型へとシフトしている事例もあります。たとえばWeb系・広告デザイン・イラスト・プログラミングなど、本業で培った専門スキルを活かすタイプ、あるいは趣味を副業にするパターンもあるでしょう。ただし、副業に時間を割きすぎると本業がおろそかになるリスクもあり、バランスを考えなくてはなりません。

筆者としては、副業スキルが本業の仕事にも好影響を与え、両方で役立つ形になるのが理想ですが、残念ながら、そうした会社にいる人は少ないのが現状です。

競争を避ける参入障壁の考え方

報酬をさらに高める方法としては、「専門性の高い分野で高単価を目指す」か「参入障壁の高い仕事を選ぶ」ことがポイントになります。医師・弁護士・公認会計士などは高スキル、かつ資格による参入バリアがあるため、割高なサービス料金を設定できます。経済学では、こうした超過利益を〝レント〟と呼びます。

同じ発想を副業や事業にも当てはめ、競争相手が少ない分野を狙うのが戦略的だと言えるでしょう。結局のところ、人生後半に就労収入のみで暮らすリスクを回避するためには、副業や事業によって自分の収入源を多様化・高付加価値化していくことが必要なのです。

副業の単価を上げる考え方

副業で高報酬を実現するうえでの大前提は、まず①高スキルであることです。たとえばＩＴ系の副業は総じて単価が高く、クラウドソーシングやＷｅｂデザイン、ｅコマース事業などが挙げられますが、誰でもできるわけではありません。一方で、フードデリバリーや配送、内職・軽作業のように誰にでも始めやすい仕事は単価が安くなる傾向があります。

また、取引を自分で始める仕事（せどり・リサイクル品・ハンドメイド商品販売など）は元手がほとんどなくても参入しやすい反面、ノウハウがないと収益を伸ばすのが難しいです。たとえば講師やコーチ、インストラクターといった働き方でも、単に技能だけでなく営業や接客のセンスが必要であり、高報酬を得るにはプラスアルファの要素が欠かせません。

参入障壁と資本力の重要性

経営学者マイケル・ポーターの「5フォース分析」によれば、競合の強さ、新規参入の脅威、売り手・買い手との交渉力などを総合的に考え、有利なポジションを取れば報酬は高くなります。逆に言えば、単価が低い副業は誰にでも参入できて競争が激しいためです。

さらに、稼ぐ力を左右するもう1つの要素が「資本力＝資金力」です。よく副業として投資（FX・暗号資産・株式）を挙げる人がいますが、大きな資本力がないと収益を拡大しにくいのが実情です。かと言って、リスクを取ってハイリターンを狙う手法は割が合わないことが多いです。不動産投資も同様で、資本力があれば高所得が見込めるものの、ノウハウ習得に時間と労力がかかります。その意味で高報酬を狙いたければ、①高スキル＋②十分な資本力がカギを握ります。

不動産投資や事業拡大で生まれる選択肢

もしも、自分に資本力があるなら、事業・不動産投資を選択する道があります。それを多くの人がためらうのは、自分には資本力がないと感じるからでしょう。しかし国税庁の「申告所得税標本調査」（2022年）によれば、不動産所得を得ている人は全国に106万人もおり、1人当たりの平均所得は542万円と高水準です。不動産以外の事業投資から所得を得ている人は164万人（平均473万円）、雑所得（Webライターなど）で稼ぐ人は81万人（平均283万円）にのぼります。

実際に不動産所得で数千万円を築いた人の話を聞くと、10年以上かけて徐々に収益を伸ばしてきたケースが多いようです。最初はワンルームマンションの家賃数万円から始め、ローン返済で自己資本を増やし、金融機関から追加融資を引き出すという地道なプロセスを踏んでいます。法人を設立して経営すると、納税面や相続面でメリットが大きい場合もあります。

筆者は不動産投資だけが特別優れているとは思いませんが、「管理を任せられ、ある程度の仕組み化が可能」という点で不動産事業には利点があると考えています。基本的には自分のための事業を広げ、人を巻き込んで利益を増やす——これが企業経営の面白さです。仲間をつくって、共同体的な結びつき＝組織化がうまくできれば、より大きな事業資本の成長が見込めるでしょう。

著者
熊野英生（くまの・ひでお）
第一生命経済研究所首席エコノミスト。
山口県山口市生まれ。1990年横浜国立大経済学部卒。同年日本銀行入行。2000年第一生命経済研究所入社。2008年より日本FP協会評議員を兼任し、現在専務理事。専門は金融・財政政策、金融市場、経済統計。過去には、生活設計診断システムの基本設計を大手システム会社のSEとともに構築した業務経験を持つ。

エコノミストの経済・投資の先を読む技法

2025年2月20日 初版発行

著者 熊野英生
発行者 石野栄一
発行 明日香出版社
〒112-0005 東京都文京区水道2-11-5
電話 03-5395-7650
https://www.asuka-g.co.jp
デザイン 末吉喜美
印刷・製本 シナノ印刷株式会社

ISBN 978-4-7569-2382-0